Le marketing du coach

Éditions d'Organisation
Groupe Eyrolles
61, bd Saint-Germain
75240 Paris cedex 05

www.editions-organisation.com
www.editions-eyrolles.com

Pour écrire à l'auteur
René-David Hadjadj

é v o l i s

4, rue Papillon – 75009 Paris
Tél. : +33 01 42 00 10 11 – Fax : +33 01 44 83 08 38
Contact : rdhaevolis@aol.com

Conseil éditorial

OXXALIS

Pierre Vican
oxxalis.wordpress.com

René-David Hadjadj

Le marketing du coach

Sous la direction
de François Delivré

EYROLLES

Éditions d'Organisation

à Pascale, Aurélia, Lulu…

Sommaire

Partie I
Le coaching et moi

Partie II
Atteindre la performance commerciale

Annexes

Préface

« La seule chose qui puisse empêcher un rêve d'aboutir,
c'est la peur d'échouer ! »

Paulo Coelho

J'ai longtemps pensé qu'écrire n'était pas mon affaire. Bien que l'on m'ait plusieurs fois invité à me lancer dans cette aventure, je me contentais de donner du sens à mes interlocuteurs en puisant dans mes lectures ce qui me semblait pertinent. Je me considérais plutôt comme un homme de liaison et de rapprochement entre ceux qui écrivent et certains des participants à mes séminaires. Je les accompagnais pour extraire de mes interprétations de textes le meilleur des concepts et des idées applicables en entreprise. Je me bornais à jouer un rôle de « passerelle ». Sans doute y avait-il déjà, enfouie en moi, l'envie d'écrire. Fruit d'une lente maturation de mes idées, ce livre a été aussi un exercice de recentrage sur moi-même, un moment de « douce violence » et de « rangement » de mes étagères.

Au cours des vingt dernières années, j'ai écrit des programmes, développé nombre d'idées nouvelles, élaboré des formules qu'utilisent aujourd'hui les participants de mes stages. J'ai aussi préparé de nombreux textes pour mes conférences, sans compter les notes éparses, laissées ici et là pour un usage lointain. Je me suis entraîné et j'ai classé mes brouillons avant d'écrire ce livre que je suis heureux de vous présenter aujourd'hui.

L'aventure a commencé, comme souvent, à la suite de rencontres avec des professionnels et des participants à mes séminaires. Toutes ces personnes, que je veux remercier ici, ont stimulé mon énergie et mon engagement. Elles m'ont fait confiance et ont su mettre en œuvre avec talent certaines idées développées dans mes stages, et que l'on retrouve dans ces pages. Leur thème repose sur ce que j'ai vécu à titre personnel, lorsque je décidai, vingt ans plus tôt, de changer d'univers de travail. J'avais rapidement compris alors qu'être un bon professionnel, reconnu dans son métier, ne suffisait pas pour se lancer dans la création d'entreprise, qui demande non seulement d'être l'« entrepreneur », mais aussi l'« intrapreneur », le produit principal actif de son entreprise, de ce que l'on vend. Avec l'expérience, je m'aperçus qu'il en est ainsi de tout changement d'environnement professionnel et de tout projet personnel requérant un engagement élevé. Cela est valable, par exemple, dans la rencontre avec les entreprises lors d'un recrutement ou pour un changement de niveau de responsabilité, mais aussi lors de la recherche d'un emploi ou au moment de la création d'une société.

Au cours d'une intervention chez International Mozaik[1], je pris conscience que certains participants, qui venaient se former au coaching, n'étaient pas si « clairs » que cela dans leur projet. J'avais pourtant en face de moi des personnes mûres et expérimentées qui, désireuses de changer de métier, étaient attirées par le coaching. Souhaitant sauter le pas en se formant à un nouveau métier tout en changeant de vie, elles n'avaient pas de vision précise du marché, ni une bonne maîtrise des

1. www.mozaik.fr.

règles du jeu de la profession libérale. Souvent, elles n'avaient aucune expérience de la vente. Leur point commun essentiel se résumait à : « Avoir envie de… envie de changer… envie de faire du coaching. » Très souvent, ce désir de changement d'univers professionnel allait de pair avec un « nouveau » projet de vie. Ces personnes disaient : « Je veux faire du coaching, je veux accompagner, aider les gens… Cela correspond à mes valeurs, etc. », se fondant sur des valeurs humaines fortes. Ils avaient, en parallèle, un projet de vie à pérenniser et une réelle inquiétude : « Comment faire ? Je n'ai pas mon premier client… Je ne sais pas vraiment comment j'obtiendrai mon premier contrat. »

La fourchette d'âge de ces futurs coachs s'étage de 35 à 55 ans. La plupart d'entre eux ont une expérience déjà riche. Ils ont assumé des responsabilités importantes et ont souvent tenu des postes de management de haut niveau. L'univers des entreprises, privées ou publiques, grandes ou petites, leur est familier. D'autres coachs débutants sont des mères de famille qui, après avoir interrompu une carrière enviable pour se consacrer à l'éducation de leurs enfants, souhaitent retrouver une activité professionnelle conforme à leur sensibilité. Peut-être ont-elles gardé de bons souvenirs du coaching quand elles travaillaient en entreprise et veulent-elles passer de l'autre côté de la barrière. Toutes ces personnes portent en elles une authentique ambition personnelle, mais il reste l'interrogation centrale : « Comment "vivre" de ce nouveau métier ? »

Voilà à quoi j'ai voulu répondre. Les contacts que j'ai eu le plaisir de nouer avec ces femmes et ces hommes au destin prometteur, la complicité de Pascale, Danièle, Michèle, Carole, Sylvie, Michel, m'ont incité à créer un atelier intitulé « Le commercial du coach ». L'adhésion des stagiaires à cette initiative confirme le bien-fondé de ma démarche. Ce livre en est le prolongement direct. Il soulève les principales interrogations auxquelles vous êtes probablement confronté dans votre nouveau métier de coach. Je vous propose d'en suivre pas à pas les différentes étapes, et de répondre aux questions ainsi que de faire les exercices d'application. Vous y trouverez les informations indispensables, susceptibles de vous guider dans la réussite de votre projet professionnel et personnel. Un de mes objectifs est que ce livre vous aide à réaliser votre rêve, votre ambition dans le métier du coaching.

Avant-propos

« La vocation, c'est avoir pour métier sa passion. »

Stendhal

Chaque année, plusieurs milliers de personnes décident, pour une raison ou une autre, de changer de voie, de métier, et de créer leur entreprise. Elles aspirent à réaliser leur rêve en se mettant à leur compte. Les circonstances et l'environnement favorables, associés au désir d'autonomie et au choix de son activité professionnelle ne sont cependant pas une garantie suffisante de réussite. En effet, croire qu'il suffit, pour prospérer, de s'implanter dans un secteur économique viable, armé de son courage, de sa bonne foi et d'une solide expérience professionnelle antérieure en faisant abstraction du marché et de ses besoins précis, peut être source de difficultés, voire d'échec.

L'ouvrage que vous avez entre les mains se propose de vous accompagner dans la phase préparatoire de votre projet et de vous aider à lui donner du corps. Il contient un grand nombre de questions et d'exercices directement applicables. Les réponses que vous découvrirez contribueront à soutenir la « colonne vertébrale » de votre activité naissante.

L'articulation de ce livre repose sur une réflexion développée à partir des bases fondamentales du « mix-marketing ». Ce mot, qui peut paraître étrange pour le non-initié, se définit comme *« l'ensemble des outils dont l'entreprise dispose pour atteindre ses objectifs auprès du marché cible »* selon Kotler & Dubois[1]. Quelles sont les bases du mix-marketing et pourquoi est-il indispensable de les connaître ? Ce concept, qui se divise en « 4 P » (« produit », « prix », « placement » et « promotion »), réunit toutes les actions de marketing nécessaires à la réussite d'une ambition commerciale. Voilà pourquoi je vous invite à entreprendre un voyage dans le mix-marketing du coach. Voyons d'abord succinctement de quoi sont faits les « 4 P ».

> **Le produit.** Dans cette rubrique se trouvent les analyses, les caractéristiques et les options relatives à tout ce qui constitue le produit que vous commercialisez. Vous découvrirez de quel « produit » nous parlons quand nous parlons du coach.
>
> **Le prix.** Cette partie concerne les tarifs de vos prestations, les conditions commerciales et les conditions de paiement.
>
> **Le placement ou la distribution.** Comment allez-vous distribuer votre produit ? Dans quelles zones d'intervention ? Allez-vous travailler seul ou en équipe ? dans quelle organisation ? avec quel type de clients ?, etc.
>
> **La promotion ou la communication.** Comment communiquer ? Comment organiser vos actions commerciales pour qu'elles touchent la cible ? Comment vous faire connaître ? Devez-vous faire du marketing direct, de la publicité, entrer dans les relations publiques ?

Le projet que vous avez en tête ou que vous avez déjà lancé représente ce qu'il y a de plus important à vos yeux dans le domaine professionnel. À chaque étape de son évolution, il

---

1. Philip Kotler et Bernard Dubois, *Marketing management*, Pearson Education, 2006.

restera aussi important qu'il l'était au commencement. Dans cette optique, l'organisation et la mise en œuvre du « mix-marketing » sont indispensables, et je vous invite à réfléchir aux deux premiers « **P** » (produit et prix) car ils jouent un rôle capital dans l'évolution de votre activité de coach.

Les questionnaires que vous trouverez au fil des pages vous inciteront à vous interroger sur un grand nombre d'aspects liés à votre métier. Nous aborderons la qualité de vos motivations, votre positionnement sur le marché, la fixation de vos tarifs, vos objectifs financiers… Les exercices vous permettront de valider vos choix et de consolider vos décisions.

La seconde étape des deux autres « **P** » (placement et promotion) vous permettra de faire le point sur votre engagement de développement, votre positionnement relationnel et l'état de vos réseaux.

Afin de finaliser votre projet, il vous restera à définir ce qui est le plus approprié à votre situation et/ou à votre ambition : décider et choisir votre statut, votre cadre juridique, social et fiscal.

Vous trouverez également quelques informations sur les principaux acteurs du marché du coaching (fédérations professionnelles, associations, formations, références, bibliographie et autres…).

Je souhaite que vous trouviez, après avoir accepté de vous laisser guider par mes exercices, des réponses, des déclics (je l'espère inattendus), lesquels susciteront introspection et réflexion de votre part.

Je vous en souhaite bonne lecture et le même plaisir à lire que j'ai eu à écrire.

Regard sur le coaching

« L'impossible est le seul adversaire digne de l'Homme. »

Andrée Chedid

La profession de coach s'organise en fonction d'un phénomène de surmédiatisation et de l'engouement dont elle jouit depuis la fin des années 1990. Le nombre de coachs, en pleine croissance, se répartit autour de 5 000 à 6 000 praticiens. Mais une rapide recherche dans la partie française d'Internet sur le mot « coach » donne… 20 700 000 réponses possibles !!! Il est vrai que de nombreux coachs cumulent plusieurs activités proches ou éloignées du coaching, en tant qu'indépendants ou comme salariés. La profession elle-même n'est, à ce jour, pas réglementée.

Plusieurs associations œuvrent pour plus de règlementation[1] : code de déontologie, éthique, supervision, formation, examen de validation des compétences, conférences, université d'été, etc. On le voit bien, beaucoup d'actions sont faites pour faire du coaching un métier reconnu.

---

1. Références en annexe 1.

En 2009, ICF (International Coach Federation) a commandé une étude à Pricewaterhouse Coopers auprès des clients. Au total, 2 165 clients de 64 pays ont répondu au questionnaire de septembre à novembre 2008. Les thèmes principaux de ce questionnaire étaient : quels sont la cartographie et le profil des clients du coaching : qui sont-ils ? De quelle région viennent-ils ? Quelle expérience ont-ils ? Quelle est la perception des clients de coaching ? Quelles sont les motivations des clients pour utiliser le coaching ? Quel est le process de décision pour choisir le coaching, le coach ? Quelles sont les caractéristiques des différents coachings ? Quel est le process d'évaluation de la prestation de coaching ? Quels sont les bénéfices attendus et identifiés du coaching ? Quels sont les résultats du coaching ? Y a-t-il un retour sur investissement ? Les résultats complets de cette enquête sont disponibles sur Internet[1].

Malheureusement, nous n'avons, à ce jour, à ma connaisance, pas d'étude ou d'enquête sur le marché mondial du coaching et sur la profession plus récente que celle commandée à Pricewaterhouse Coopers fin 2006, par l'ICF. Cette étude fut menée dans 74 pays auprès de 6 000 coachs, membres ou non d'ICF. On les interrogea sur leurs pratiques, leurs clients, leurs revenus et sur d'autres sujets relevant de leur métier. Plusieurs informations intéressantes ressortirent de l'enquête : le chiffre d'affaires annuel de la profession s'élevait à 1,5 milliard de dollars, en constante évolution, tandis que l'ensemble du secteur se développait sur les cinq continents.

Le profil du coach

L'enquête permit de dessiner le « portrait » du coach. Le praticien est le plus souvent une femme (la profession compte

---

1. Downloadable ICF Global Coaching Client Study – Final Report – French.

69 % d'effectif féminin), âgée de 46 à 55 ans, qui exerce son métier depuis au moins cinq ans. Il faut noter aussi que 53 % des coachs possèdent un diplôme d'études supérieures, et que la majorité d'entre eux ont en permanence onze clients dans leur agenda d'affaires à n'importe quelle époque de l'année. En ce qui concerne la clientèle, féminine elle aussi mais dans une majorité plus faible (56 %), elle est plus jeune d'une décennie (en moyenne 38 à 45 ans).

Les tarifs pratiqués

Le revenu moyen annuel s'élève à 50 510 $. En prenant en compte la parité euro/dollar au moment où l'étude fut menée[1], ce revenu équivaut à 37 400 €. La pratique du coaching n'est qu'une partie de l'activité du praticien. En outre, ce chiffre subit des variations plus ou moins grandes selon les pays. En Grande-Bretagne, par exemple, le revenu moyen annuel atteint 48 260 € pour 44 340 € en Allemagne.

En France, ce même revenu atteignait 34 920 € en 2006. La moyenne mensuelle nationale s'élève donc à 2 910 € contre 4 020 € outre-Manche, et 3 695 € en Allemagne[2]. Selon la SFCoach, le tarif moyen d'une prestation de coaching individuel donnée en entreprise varie de 5 000 à 10 000 € pour une douzaine de séances (soit 417 à 834 € la séance). Celui d'une séance de prestation professionnelle donnée à un particulier varie de 150 à 300 €.

L'origine des coachs

La SFCoach révèle sur son site Internet, sur la base de renseignements recueillis auprès de ses membres accrédités, que les praticiens viennent *« d'horizons et de cursus très divers ; les*

---

1. 1 $ = 0,74 €.
2. Pour en savoir plus : ICF France. Sources des informations : ICF, SFCoach, Syntec, SFC, etc.

coachs sont ou ont été dirigeants d'entreprises, ingénieurs, consultants en ressources humaines, sociologues, formateurs, psychologues, médecins, thérapeutes...». Les praticiens sont des personnes expérimentées dans le monde des entreprises. Ils ont en général effectué ou commencé un travail personnel et ont suivi une ou plusieurs formations spécifiques au coaching et/ou aux techniques de relation d'aide et d'accompagnement.

La formation

D'après nos informations, plus de 300 personnes suivent chaque année une formation spécifique au coaching (nous parlons de formations qui préparent au métier de coach, et non de formations aux outils spécifiques éloignés de la pratique même). Une partie d'entre elles se destine à la profession de coach. Il existe en France une quarantaine d'instituts de formation au coaching[1]. La plupart d'entre eux sont privés, et l'ensemble offre une grande diversité dans la forme et le mode d'enseignement. En plus de ces instituts, quatre universités proposent un cursus lié au coaching, sanctionné par un diplôme d'études supérieures d'université (DESU). Ces formations sont dispensées à l'Université Paris II, Paris VIII, Paris X et à l'Université d'Aix-Marseille qui propose un master.

Les perspectives de la profession

En France, le marché du coaching professionnel s'élevait en 2005 à 90 millions d'euros. En 2009, les chiffres non officiels s'approchent de 150 millions d'euros et sont en expansion constante. L'activité est bien développée en Île-de-France et dans les régions ensoleillées (Rhône-Alpes et Provence-Alpes-Côte d'Azur). La profession compte à peu près un millier de coachs qui se sont engagés dans une certification profession-

---

1. Quelques références et adresses en annexe 1.

nelle proposée par leur association basée sur la validation des compétences de coach. Environ 2 000 praticiens adhèrent à un organisme représentatif (association, fédération[1]), et quelques organismes de formation certifient eux-mêmes leurs participants à l'issue d'un cycle de formation spécifique au coaching (examen de passage et mémoire).

Le marché du coaching est vaste et multiforme, plus de 15 % exercent ce métier de façon régulière. La majorité des sociétés d'envergure nationale et multinationale ont régulièrement recours à cette forme d'accompagnement. Certaines d'entre elles recrutent comme salariés ou en sous-traitance des coachs qu'elles sélectionnent pour répondre à leurs besoins. Ce double recrutement, interne et externe, connaît une évolution régulière, le nombre des prescriptions étant en augmentation au sein des sociétés clientes. En outre, le marché des PME, des organismes publics, des professions libérales et des créateurs d'entreprises connaît une forte croissance. Pour ce qui est du volume des prestations données par les coachs professionnels de particuliers, qui exercent en dehors de l'entreprise, leur nombre, en évolution constante, est supérieur de 20 % du total des prestations de coaching.

De mai à novembre 2008, le cabinet Syntec a réalisé en France, avec le soutien de ses partenaires, une enquête intitulée « Le coaching en 15 questions ». Les informations recueillies confirment la bonne tendance du coaching. Les éléments importants révèlent que 73 % des personnes sondées estiment que le coaching est en progression dans leur entreprise ; la pratique du coaching s'étend à la sphère du développement personnel avec, comme principaux objectifs : « l'accompagnement à la prise de poste », « l'élargissement des responsabilités », « le pilotage de projet de changement », « l'amélioration de son fonctionnement avec son équipe », « le

---

1. *Idem.*

développement du style de management », sans oublier d'autres objectifs, tout aussi essentiels comme « la gestion de conflit et de stress » ou « l'amélioration de son mode de communication ».

Les associations professionnelles de coaching

Il existe plusieurs associations ou fédérations professionnelles de coaching. Chacune a ses particularités, son histoire, et met en avant ses principes éthiques et déontologiques. L'objet de ce livre n'étant pas de promouvoir l'une ou l'autre, nous vous invitons à les rencontrer et à voir dans quelle structure vous obtenez le meilleur accueil et sentez pouvoir partager vos convictions et vos ambitions.

La crise, difficultés et facteurs clés d'opportunités

Comme toujours lors des crises, les premiers touchés restent les plus fragiles, les plus récents dans le métier, les plus jeunes qui viennent de se lancer dans la profession, et qui n'ont pas encore eu la possibilité de tisser des liens suffisamment forts avec leurs clients, avec leurs réseaux. En ces périodes difficiles, ils souffrent bien plus (peut-être) que les coachs établis depuis de nombreuses années, lesquels peuvent s'appuyer sur des alliances fortes, sur leurs activités multiples (conseil, formation, audit, bilan de compétences…) et sur leur notoriété pour être présents chez leurs clients et coconstruire des demandes dans la dynamique des actions en cours. Dans les périodes de crise, le système de communication commerciale classique ne « marche plus ». Il faut être au bon endroit au bon moment avec la bonne personne.

La crise financière et l'instabilité des marchés financiers contribuent à ouvrir le débat autour de l'activité des coachs, à la fois en termes d'accompagnement du changement et de partage des responsabilités, d'évolution des pratiques et de modification des règles de décision. Tellement dépendants des performances réalisées par les entreprises, les cabinets de coaching subissent, au même titre que leurs clients, les conséquences de la crise et, dans certains cas, en payent les frais. Quels que soient les causes et les effets de la crise actuelle, l'activité de coaching est contrainte de s'adapter aux nouvelles donnes du marché et de répondre efficacement aux attentes des clients. En effet, les cabinets de coaching doivent de plus en plus se pencher sur les questions d'alliances, de stratégies de positionnement, définir les nouveaux enjeux de la demande et des besoins de leurs clients, les prendre en compte et, plus que jamais, être les représentants et les garants des règles d'éthique et de déontologie de la profession.

Pas d'inquiétude... Saisir les opportunités !

Nous le savons bien maintenant, chaque crise offre aussi son pendant d'opportunités. L'accompagnement postcrise des fusions et des réorganisations contribue à recomposer le paysage. Car les entreprises, nos clients ont « toujours » besoin d'être accompagnés dans les processus de changement. Un coach expert ayant un regard de « tiers solide neutre » reste, je le pense, « booster et garant » bien souvent du bon aboutissement des projets.

À chacun d'entre nous, seul ou en équipe, d'« *updater* » son offre, de « réactiver » ses réseaux, d'« imaginer » de nouvelles formes de contacts et d'interventions chez nos clients et prospects.

De nouveaux métiers

En effet, le métier de coach reste encore flou dans l'esprit du public, tant du point de vue des prestations que des clients, par rapport aux domaines d'intervention et surtout avec l'apparition de nouvelles niches et d'autres formes du métier (coach de vie, coach sportif, coach de travaux, coach de santé, coach de retraite…).

L'évolution de la profession de coach dépend en grande partie de l'évolution des besoins des entreprises et de leurs demandes. Elle dépend également de notre capacité à tous de donner l'image d'une profession dynamique qui sait évoluer et s'adapter aux contextes quels qu'ils soient, et de notre capacité à être en « veille » et en phase avec les politiques des pouvoirs publics et les programmes de modernisation des économies et de restructuration engagés.

Notre profession subit aussi les effets de la mondialisation et du développement de la concurrence. De ce fait, il est judicieux de revenir à « nos basics » : les attentes des entreprises de manière générale, et leurs attentes en termes de besoins d'accompagnement du changement sous toutes ses formes, leur besoin d'alliance, de confiance, de sécurité plus spécifiquement… Et peut-être faut-il organiser, au sein de nos associations, des réflexions et/ou des outils de « réactivité » à l'évolution des besoins et aux exigences de la conjoncture, et, voire même, analyser l'impact des crises sur notre activité.

L'activité de coaching évolue et de nouveaux coachs arrivent tous les jours sur ce marché. Dans cette optique, nous nous intéressons notamment aux sujets traitant les questions suivantes : comment se lancer dans le métier de coach ? Quelles sont les erreurs à éviter ? Comment se positionner ? Quelles sont les nouvelles exigences du marché ? Quelles sont les différentes formes de coaching ? Quelle typologie rencontre-t-on ? Quelles activités ? Quels clients ? Quels types de missions ? Voilà quelques questions auxquelles ce livre vous invite à réfléchir en répondant aux questionnaires et autres exercices.

Partie I

Le coaching et moi

Chapitre 1

Le coaching et moi : qui suis-je ?

« Il est temps de vivre la vie que tu t'es imaginée. »

Henry James

Celui qui a la chance, tôt dans la vie, de percevoir avec clarté ce qu'il fera dans son existence est un être privilégié. Les prémisses sous lesquelles se dessine son but fondamental lui permettent, avant d'être adulte, d'orienter une partie de son intention comme un faisceau lumineux vers son objectif lointain. Même si elle se manifeste de manière peu précise, cette orientation lui épargnera, s'il ne se laisse pas distraire par les chemins de traverse, quelques incertitudes inutiles et improductives.

Un tel éclairage global sur sa vie future peut se manifester tôt ou tard. Il peut offrir des perspectives nouvelles contrastant avec l'éventuelle « frustration » d'avoir connu une vie de travail consacrée à répondre aux besoins de la nécessité plutôt qu'à satisfaire ses inclinations naturelles. Nous pouvons affirmer, en prenant le risque d'être contredit que, pour certains d'entre nous qui sommes parfois astreints à une activité plus subie que choisie, ce « but fondamental » tarde à se manifester.

Est-il possible de bénéficier de cette nouvelle opportunité quel que soit son âge ? Vos réussites, vos expériences et les talents que vous avez développés au cours de votre vie professionnelle peuvent-ils être utilisés ailleurs, de manière à combler enfin de nouveaux choix d'épanouissement personnel ?

Pouvez-vous mieux cadrer la perspective dans laquelle vous envisagez votre activité future pour lui donner un champ de vision plus net tout en découvrant les conditions de réussite ou d'échec du nouveau projet que vous embrassez, à savoir le métier de coach ?

C'est ce que nous vous proposons d'envisager ici, en termes de réflexions.

Dans quel état d'esprit embrassez-vous votre carrière de coach ?

Les facteurs de succès du nouveau métier dont vous caressez le rêve ne concernent pas que les seules conditions matérielles et économiques ou l'environnement dans lequel vous serez appelé à évoluer. Ils ne comportent pas non plus uniquement les règles de ce nouvel emploi. Pour bâtir une activité professionnelle stable et florissante, il est avantageux de la considérer de haut, comme une ambition personnelle à part entière. Nous ne saurions imaginer qu'il puisse en être autrement s'agissant de vous-même, de votre futur et de vos aptitudes. Les monuments du passé et ceux d'aujourd'hui qui laissent une empreinte durable dans leur espace et dans l'esprit des gens sont érigés sur des fondations solides, stables et presque immuables. En ce qui vous concerne, les fondements de votre ambition professionnelle ne résident qu'en vous-même.

Nous vous invitons donc à procéder à un examen conscien-cieux de l'état d'esprit avec lequel vous embrassez cette nouvelle carrière de coach. Un travail relativement facile à faire est de vous « déplacer » dans le temps pour imaginer ce qu'il adviendrait de vous et de votre existence sous ce nouveau regard.

Ce premier exercice fait appel à une extrapolation d'où vous en êtes aujourd'hui à là où vous souhaitez arriver. Il doit vous aider à estimer avec justesse le bien-fondé de votre choix. C'est essentiel si vous voulez éviter de commettre quelques erreurs, de connaître des désillusions et de perdre votre temps.

EXERCICE 1

Réfléchissez à l'état d'esprit dans lequel vous considérez votre nouvelle carrière de coach. Comment vous sentez-vous aujourd'hui en tant que coach dans l'exercice de ce métier ? Inspirez-vous de cette grille pour noter vos réponses. Efforcez-vous de répondre à chacune des questions ci-dessous. Puis laissez-vous glisser dans le temps pour imaginer ce qu'il adviendrait de vous et de votre existence sous ce nouveau regard. Pouvez-vous ressentir, en vous déplaçant dans différentes périodes futures, celle où vous serez en pleine activité, comment vous « vivez » les conditions de ce travail dans les différentes facettes de votre existence ?

	Aujourd'hui	Dans 1 an	Dans 2 ans	Dans 3 ans
Quel est mon métier ?				
Suis-je heureux ?				
Est-ce que je gagne ma vie comme je le souhaite ?				
Suis-je suffisamment reconnu (famille, amis, pairs, clients…) ?				
Quels rêves ai-je réalisés ? Quels nouveaux rêves ai-je envie de réaliser ?				

	Aujourd'hui	Dans 1 an	Dans 2 ans	Dans 3 ans
Est-ce que je respecte un équilibre entre ma vie privée et ma vie professionnelle ?				
De quoi suis-je le plus fier ?				
Autres thèmes de votre choix				

Dans cet examen projectif, il se peut que vous soyez amené à analyser diverses facettes ignorées de votre personnalité, à déceler des aspects de vous-même dont vous ne soupçonniez pas l'existence. Il se peut que vous soyez incité à vous remettre en question. Certains de vos points de vue habituels auront sans doute besoin d'être révisés à la lumière de cette confrontation avec vous-même, en vous projetant dans votre futur. En progressant dans cet exercice, vous ressentirez peut-être le besoin de passer en revue quelques-unes de vos convictions actuelles les plus intimes, puis de supplanter certains doutes par des certitudes plus affermies. Il se peut que vous soyez encouragé à transformer ce qui n'était jusqu'ici que de simples velléités en véritables forces de conviction. Si vous poursuivez ce processus jusqu'au bout, une partie de vous-même peut même s'en trouver transformée.

L'idéal serait que les nouvelles certitudes que vous aurez acquises soient si fortement ancrées que vous y puisiez les nouvelles ressources nécessaires pour surmonter les obstacles qui ne manqueront pas de s'ériger face à vous et votre progression dans votre métier. Les grands rêves ne se réalisent qu'avec les plus grandes forces de caractère. Puissiez-vous trouver en vous, dès maintenant, une attitude de vainqueur en démontrant une détermination nouvelle dans le feu sacré de votre ambition. Celle ou celui à qui cela n'arriverait pas n'auront pas perdu leur temps. Ils auront en effet découvert qu'en fin de compte le métier de coach n'est pas fait pour eux. Ils pourront alors s'orienter vers une autre direction, qui correspondra mieux à leurs aspirations. Cet exercice et ceux qui font suite dans ce livre ont le mérite d'être profitables à tout un chacun, étant donné que l'une des pires façons de perdre son temps est de s'illusionner sur son compte et son avenir. Nous le savons, les erreurs de « casting » sont souvent coûteuses, raison pour laquelle nous ne saurions trop insister sur ce point qui nous semble fondamental.

En vous aidant à valider votre projet de façon très personnelle et selon des critères spécifiques[1], vous devriez être capable de forger une force personnelle qui vous conduira à canaliser votre énergie pour atteindre vos objectifs. Cette validation est si cruciale pour la suite de votre activité professionnelle qu'il sera nécessaire de lui consacrer un long moment.

Arthur Conan Doyle, l'auteur du célèbre Sherlock Holmes, écrivit dans *Le signe des quatre* : « *Lorsque vous avez éliminé l'impossible, ce qui reste, si improbable soit-il, est nécessairement la vérité.* » L'auteur nous a habitués aux méthodes de déduction particulières de son détective, et nous sommes loin ici des théories fictives de la criminologie. Il n'empêche qu'en suivant cette règle de pure logique, en éliminant l'impossible, c'est-à-dire tout ce qui constitue un frein à votre installation en tant que coach et à votre réussite, en éliminant même, avant cela, toutes les raisons pour lesquelles vous ne pourriez vous concevoir comme coach, vous devriez être à même de déterminer si oui ou non le métier de coach est fait pour vous, et vous atteindrez votre « vérité ».

---

1. Voir l'atelier que nous avons créé et que nous animons sur www.mozaik.fr.

Je vous propose de regarder cette photo et de vous laisser découvrir… ce qui se cache derrière votre perception immédiate.

Souvent, il est nécessaire d'aller au-delà de ses premières perceptions, de questionner ses idées, ses croyances et même ses doutes. Sur la photo ci-contre, qu'avez-vous perçu ? Un couple amoureux ou… neuf dauphins qui nagent ?

Il arrive que la réalité reste cachée derrière des apparences qui nous

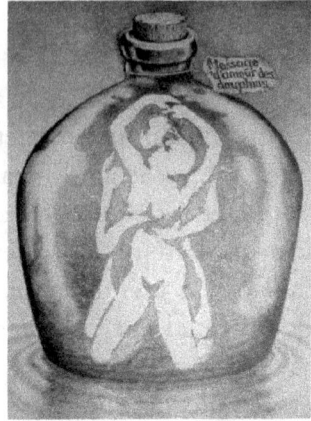

Une perception peut en cacher une autre ![1]

attirent en semblant répondre parfaitement à nos désirs immédiats. Le moyen le plus sûr de parvenir à votre réalité consiste à formuler dans votre esprit les réponses à des critères précis, destinés à évaluer les conditions de succès de votre entreprise.

Le fait même que vous teniez ce manuel entre vos mains montre que vous êtes en train de considérer l'éventualité d'un changement majeur dans votre carrière. Ce changement affectera positivement votre manière de vivre, vos rapports avec le monde ainsi que vos revenus. On n'envisage pas une mutation d'une si grande portée en se contentant de formuler un vœu pieux ou en en ayant seulement quelques vagues idées, aussi attrayantes soient-elles. Nous espérons aussi que cette perspective n'est pas la toute dernière bonne idée attrapée au hasard d'une discussion ou d'une lecture. Votre décision doit être mûrement réfléchie, passée au crible de votre discernement pour retirer, comme l'on ferait d'une gemme naturelle les défauts de sa gangue, vos doutes et vos lacunes.

1. Source : phortail.org/blagues/illusion_optique-0435.html.

La validation de votre projet

Votre projet comporte virtuellement un si grand nombre de ramifications, il est susceptible d'entraîner tant de changements dans votre vie professionnelle et votre vie tout court, que nous vous encourageons à l'habiter en esprit dans ses aspects les plus généraux comme les plus détaillés. Voici les premiers contrôles qu'il est souhaitable de faire :

> Que se passe-t-il en moi par rapport à mon projet ?
>
> Comment ce projet travaille-t-il en moi ?
>
> Comment occupe-t-il mon esprit ?
>
> Comment me fait-il vibrer ?
>
> En quoi peut-il m'enthousiasmer ?
>
> Implique-t-il un véritable engagement de ma part, une conviction qui m'emporte ?
>
> Quel enjeu signifie-t-il pour moi ?
>
> Répond-il à un idéal qui me transporte ?

Vous vous direz peut-être : « L'idéal… c'est faire grand cas de ce qui n'est, après tout, qu'un projet envisageable parmi d'autres… » Certes, mais nous avons de bonnes raisons de croire qu'en l'absence d'une implication personnelle qui mobilise toute l'attention, l'ambition que l'on nourrit ne dure pas longtemps. En outre, comme dans toute réflexion, il est nécessaire de discerner et de prévoir les éléments négatifs, subjectifs et objectifs qui risquent de s'opposer, de loin ou de près, à la réalisation de votre ambition.

Imaginez qu'après avoir lancé votre nouvelle activité, vous réussissiez à décrocher des premiers contrats en échange d'espèces sonnantes et trébuchantes et que, fort de vos premiers succès, vous alliez de l'avant. Très bien ! Il ne vous reste qu'à continuer sur votre lancée. Imaginons maintenant, au contraire, qu'en dépit de vos efforts, vous ne parveniez pas à obtenir de contrats au terme de plusieurs mois de prospection. Qu'allez-vous faire ? Les réactions divergent dans un tel cas. Certains abandonnent après s'être dit : « Je me suis trompé, ce n'est pas mon truc. Est-ce que je retourne à mon ancien travail, ou bien j'envisage autre chose ? » Pour eux, une telle décision n'est pas très grave. Elle n'entraîne pas de conséquences dommageables, si ce n'est un sentiment de temps perdu et l'amertume d'avoir échoué dans ses plans. Un bon coup de canif dans votre amour-propre, dont vous ne devriez pas avoir trop de mal à guérir. Si vous aviez rompu les liens avec votre ancien employeur ou dans votre ancien domaine d'activité, renouer des contacts pour trouver rapidement un nouveau job constituera votre nouvelle priorité.

Pour d'autres, les conséquences peuvent être plus graves. Ils auront tout laissé tomber pour se lancer tête baissée dans le coaching sans s'être bien préparés. Ayant joué leur va-tout, le constat de l'échec risque d'être douloureux puisqu'il comporte, à quelques mois d'intervalle, deux importantes remises en question dont la somme se révélera préjudiciable sur les plans moral, professionnel et financier. Voilà pourquoi il importe d'être en mesure d'évaluer précisément votre aptitude à embrasser cette nouvelle perspective et d'analyser vos facultés d'adaptation aux nouvelles conditions du métier de coach.

Si vous réussissez à évaluer correctement les termes de votre ambition, si vous êtes lucide et franc avec vous-même, deux conséquences possibles se produiront :

- quelle que soit l'issue de la confrontation avec vous-même, vous SAUREZ si vous êtes fait pour ce nouveau métier (et si ce métier est fait pour vous) ;
- vous en tirerez avec facilité vos propres conclusions sans ressentir le besoin de vous appuyer sur l'avis d'autrui, un réflexe souvent inconfortable.

Les conclusions auxquelles vous parviendrez seront les vôtres, elles auront la solidité d'un roc sur lequel s'appuiera la décision finale que vous prendrez en toute connaissance de cause. Étant l'aboutissement logique du tour d'horizon complet que vous aurez fait sur vous-même par rapport à votre projet, les conséquences de votre choix seront faciles à assumer.

Nous allons vous donner les outils d'évaluation nécessaires pour parvenir à cette décision finale sur laquelle repose votre avenir de coach.

Commençons par examiner votre projet dans certaines de ses dimensions – affectives, psychologiques, rationnelles, objectives, économiques, financières. Ici se situe le « premier acte ». Celui-ci est destiné à mettre au jour vos motivations profondes. En vous efforçant d'aligner les différents éléments indispensables qui entrent en ligne de compte dans cette analyse, vous allez faire pencher la balance d'un côté ou de l'autre de votre décision finale.

Les « niveaux logiques »

Robert Dilts est connu depuis les années 1975 pour être un des principaux développeurs de la programmation neurolinguistique (la PNL). Ce chercheur a élaboré des méthodes d'application de la PNL à des domaines aussi variés que ceux de la santé, de l'éducation et des affaires. Les systèmes de croyances et les niveaux neurologiques sont employés dans un grand nombre d'entreprises. Ce maître de la PNL a structuré un modèle logique qui permet de vérifier pour chacun la pertinence de ses choix et de ses décisions à partir de différents critères liés à son environnement, à ses comportements, à ses capacités, à ses croyances et à ses valeurs, à son identité, à ses objectifs et à son but fondamental. Son modèle se représente de la manière suivante.

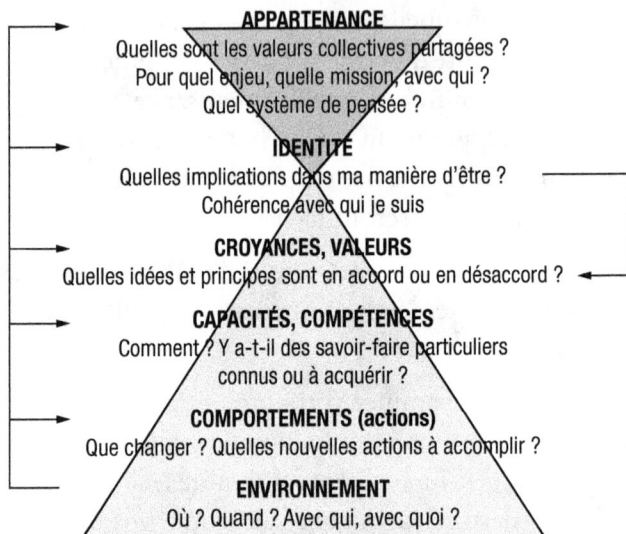

APPARTENANCE
Quelles sont les valeurs collectives partagées ?
Pour quel enjeu, quelle mission, avec qui ?
Quel système de pensée ?

IDENTITÉ
Quelles implications dans ma manière d'être ?
Cohérence avec qui je suis

CROYANCES, VALEURS
Quelles idées et principes sont en accord ou en désaccord ?

CAPACITÉS, COMPÉTENCES
Comment ? Y a-t-il des savoir-faire particuliers
connus ou à acquérir ?

COMPORTEMENTS (actions)
Que changer ? Quelles nouvelles actions à accomplir ?

ENVIRONNEMENT
Où ? Quand ? Avec qui, avec quoi ?

La pyramide des niveaux logiques de la pensée, décrite par Gregory Bateson et développée par Robert Dilts

Vous pouvez constater que les étapes de cette échelle se suivent de bas en haut dans un ordre précis. Si l'une des étapes n'est pas en place, elle risque de bloquer la progression vers la réalisation des étapes suivantes.

L'environnement

La première étape du travail avec les « niveaux logiques » concerne l'environnement dans lequel vous envisagez de travailler en rapport avec le coaching. Ce niveau consiste à vous demander ce qui est susceptible d'être important pour vous en termes d'évolution dans l'espace. Quel est votre environnement, celui du coaching, celui de vos futurs clients ? L'environnement, ce sont les personnes que vous serez amené à visiter et à côtoyer, notamment vos clients, les entreprises dans lesquelles vous vous rendrez et travaillerez, les lieux, les structures spatiales (bureaux, etc.), les ambiances, le matériel de travail, les dossiers, et ainsi de suite. Le métier de coach représente-t-il un type d'environnement qui vous permet de faire ce que vous voulez faire ? Vous y sentiriez-vous à l'aise ? Cette étape consiste, en résumé, à vous demander si, dans cet environnement, vous voulez faire ce que vous voulez faire.

Les comportements

L'étape suivante s'intéresse aux comportements, les vôtres et ceux des autres. Quels sont vos comportements habituels dans le travail ? En êtes-vous conscient ? En êtes-vous satisfait ? Quel comportement vous plairait-il d'adopter où vous vous sentiriez à l'aise et naturel ? Aimeriez-vous être plus décontracté ? plus sûr de vous ? plus épanoui ? Et le comportement des autres ? Qu'appréciez-vous et que n'aimez-vous pas comme type de comportement ? Avez-vous réfléchi à cela ? Savez-vous à quel type de personnalités vous allez être confronté ? Saurez-vous comment vous y prendre avec elles ?

Les capacités et les compétences

Ensuite viennent les capacités et les compétences. Comment allez-vous acquérir le savoir-faire indispensable pour réussir dans le coaching ? par quel moyen ? en suivant quelle formation ? N'oubliez pas qu'il ne suffit pas d'être un bon coach pour réussir : il faut également savoir comment nouer des contacts facilement, se vendre, gérer ses affaires, son emploi du temps, etc. Cette étape inclut la mesure de votre confiance en vous. Elle vous invite à vérifier si cette confiance personnelle est assez forte pour vous aider à surmonter les obstacles qui se dresseront devant vous dans la réalisation de votre projet.

Les valeurs et les croyances personnelles

Puis vient le niveau des valeurs et des croyances personnelles. En quoi croyez-vous ? À quels critères moraux ou autres adhérez-vous ? Lesquels aimeriez-vous trouver chez les autres ?

Ces valeurs et ces convictions seront-elles assez fortes pour vous soutenir dans votre progression à travers les difficultés imprévues que vous rencontrerez ?

Dans l'éventualité où cette étape révélerait des failles trop importantes en ce qui concerne la solidité de vos convictions personnelles, à tel point que vous risquiez de penser : « Je n'y arriverai jamais », ou : « C'est trop difficile », il serait indispensable de poursuivre dans l'étude de l'échelle de Dilts. Comment continuer à avancer ? En vous interrogeant sur les freins et/ou les peurs associés à ces convictions. Vous avez aussi la possibilité de travailler avec votre coach, si vous en avez un ! En revanche, si vous ressentez en votre for intérieur une conviction si bien ancrée que vous pensez : « De toute façon, quoi qu'il en soit, je pourrai traiter avec mes interlocuteurs de manière efficace », c'est évidemment positif.

L'identité

Dans cette étape, il s'agit de votre identité. Il est nécessaire, là où vous en êtes, de répondre à une question fondamentale : qui voulez-vous être, et comment ? Il ne s'agit pas de vous dire : « Oh, j'aimerais bien être comme Untel… », ou de copier l'image, l'apparence ou les façons de faire d'une personne que vous appréciez ou que vous chérissez. Il est en effet primordial de rester soi-même en premier lieu, d'être ce que l'on est. Mais, justement, dans ce que vous êtes, qu'aimez-vous et qu'aimeriez-vous devenir ? Cette étape vous invite à regarder quel « vous-même » vous souhaiteriez être dans le futur et à voir comment vous vous sentirez en étant cela, toujours en relation avec votre activité souhaitée de coach. Naturellement, rien ne vous empêche d'estimer à leur juste valeur les qualités des personnalités que vous connaissez et de vous les approprier. En restant vous-même et en évaluant correctement ce que vous aimeriez être en tant que coach, vous

vous éviterez des déboires venant du fait de ne pas être parvenu à un accord avec vous-même.

Nous approfondirons plus loin ce thème et la façon de promouvoir votre identité de manière à ce qu'elle renforce votre conviction générale.

L'appartenance

Une fois que vous êtes parvenu à cerner votre future identité avec satisfaction vient une dernière notion qui concerne votre appartenance. Vous verrez que votre identité nouvellement reconnue s'intègre, dans un ensemble plus grand, à des groupes constitués, des systèmes de pensée, des réseaux sociaux, etc. Cette appartenance donnera un sens à vos actes, à vos engagements et fournira une cohérence à l'ensemble des différents niveaux.

Cette étape peut aussi s'appeler « but », ou encore « mission ». Cependant, ce niveau comporte un piège. De nombreuses personnes confondent souvent ce qu'il convient d'appeler l'« objectif intermédiaire » et la mission finale ou le « but du but ». Elles se disent : « L'objectif, c'est d'accompagner des gens », ou « C'est pour les aider », « C'est pour résoudre telle ou telle chose chez eux... ». Cela mérite quelques éclaircissements. Soyons francs, l'objectif général de votre projet, c'est à la fois de gagner votre vie et de pérenniser votre future activité en la rendant viable. Il est certain que cela demande une véritable réflexion et une vision parfaite de vos intentions.

En vérité, votre premier grand objectif est de parvenir à vendre ce que vous êtes capable de produire, de faire en sorte que votre activité dure le plus longtemps possible et que vous en viviez. C'est cela qui donnera un sens véritable à votre projet et qui vous permettra d'entrer de plain-pied dans votre identité. Vous n'aurez aucun mal à assumer cette identité, dès l'instant où régnera une harmonie entre les quatre éléments essentiels que sont :

* vos intentions globales ;

- vos objectifs matériels ;
- ce que vous aimeriez faire ;
- ce que vous êtes et voulez devenir.

Cet alignement doit exister entre tous les niveaux pour être certain de mettre tous les atouts de votre côté. À défaut de cela, en vous engageant dans votre nouveau projet sans procéder à cette étude préliminaire, vous risquez d'essuyer des échecs. Vous ne tarderez pas à nourrir l'amertume d'avoir quitté un métier où, tout bien considéré, vous gagniez honorablement votre vie, pour « ramer » dans un autre où vous en arrivez à vous demander comment boucler la fin du mois. Voilà en quoi ce dernier point est important. Votre « mission » consiste, en résumé, à être en si bonne harmonie avec vous-même, votre vie et vos valeurs, dans l'acte d'accompagner d'autres personnes et de faire quelque chose que vous aimez, que vous ayez l'impression que l'existence vous a comblé. Ce sentiment est accessible, à condition d'aligner entre eux tous les niveaux logiques de Dilts et de les clarifier le plus objectivement possible en regard de votre projet.

Ce modèle est en effet conçu selon une logique où la résolution de chaque niveau ouvre la porte au niveau suivant. C'est la fonction des échelles progressives. Lorsque l'on doit descendre un ou deux niveaux plus bas, il est utile de se demander quelles sont, par exemple, les croyances et les valeurs que l'on garde en soi qui sont de nature limitative, qui freinent, qui engendrent des peurs, qui font que l'on ne parvient pas à s'incarner dans une identité de coach. Il n'est pas inhabituel de consacrer toute une matinée à cette réflexion.

Pour résumer l'intérêt du modèle de Dilts, l'identité constitue ainsi le point central de cette réflexion. La raison en est évidente. Ce niveau est de nature à révéler votre point de blocage principal éventuel. Il n'y a rien d'étonnant à cela.

© Groupe Eyrolles

L'identité consiste à se pencher sur la manière dont « je me sens » par rapport à « mon projet », à voir « comment je suis : coach ou pas coach ? ».

Selon notre expérience, cet exercice permet de combler une lacune que nous avons décelée chez les participants de notre atelier « Le commercial du coach ». Beaucoup de participants ne sont pas « prêts/parés » à leur nouveau projet professionnel. Il est naturel de ressentir des freins au fond de soi, des craintes informulées, des résistances instinctives… En réalité, cela se produit le plus souvent lorsque l'on n'a pas l'occasion de les exprimer verbalement à quelqu'un. Aussi est-il conseillé, dans la mesure du possible, de trouver une personne à qui se confier, pourvu que soient respectées les conditions de la confidentialité. Il est, en outre, indispensable que la personne disposée à écouter ce que vous voudriez dire soit attentive, compréhensive et qu'elle ne juge pas. À elle seule, la communication peut contribuer à mettre en lumière des craintes ou des résistances insoupçonnées, et l'extériorisation de ses pensées peut augmenter la confiance en soi. Il suffit alors de les analyser un peu, en les couchant sur le papier, et de voir ce qu'il en est. C'est une bonne façon d'objectiver les sentiments et les pensées relatifs à un projet auquel on tient.

L'objectif de l'exercice suivant est d'élaborer une réponse précise en lien avec votre projet et correspondant à chaque niveau logique. Notez chaque réponse que vous trouverez. Si besoin, reprenez vos notes le lendemain et parcourez-les à nouveau pour les affiner de manière à ce que vous soyez satisfait de vos réponses. Elles vous seront utiles plus tard si vous ressentez le besoin de les revoir et de les corriger, à la lumière de vos premières expériences.

Ce préambule vous a permis, nous l'espérons, de vous rendre compte de l'importance de la réflexion sur la structure des « niveaux logiques ». Le but est de vous représenter avec le plus

d'objectivité possible comment vous pouvez parvenir à une
décision claire et sereine.

EXERCICE 2

Inscrivez dans chaque rubrique vos réponses. Suivez-en l'ordre
tel qu'il est donné ici. Ne passez à la rangée suivante que lorsque
vous êtes satisfait de vos réponses précédentes. Vous pourrez
revenir sur cette liste un peu plus tard pour enrichir et préciser vos
réponses. Gardez ce tableau près de vous : il vous sera utile en
poursuivant la lecture de ce livre.

Niveaux logiques	Questions	Vos réflexions et commentaires
Environnement	Dans quels contextes évoluez-vous en tant que personne, en tant que professionnel, en tant que coach ? Êtes-vous accompagné, supporté ? Comment se situe votre projet dans ce contexte (personnes, clients côtoyés, espaces de travail, entreprises, etc.) ?	
Comportements	Quels comportements avez-vous ? Organisez-vous l'action, déléguez-vous, contrôlez-vous, suivez-vous, informez-vous… ? Vos comportements dans le travail actuel et futur, ce que vous appréciez et n'aimez pas chez les autres.	
Capacités et compétences	Comment communiquez-vous ? Comment animez-vous ? Comment coachez-vous ? Quelles sont vos stratégies de communication, de motivation ? Quel savoir-faire possédez-vous pour réussir dans le coaching ? Sur quelles expériences passées pouvez-vous vous appuyer ?	

Niveaux logiques	Questions	Vos réflexions et commentaires
Valeurs et croyances	Quelles sont vos valeurs essentielles personnelles et professionnelles ? Quelles sont les valeurs de votre projet ? Quelles croyances avez-vous en tant que personne, en tant que coach ? Qu'est-ce qui est important pour vous ? Vos convictions personnelles… En quoi croyez-vous ? Vos critères moraux, ceux que vous estimez chez les autres.	
Identité	Qui êtes-vous comme personne, comme professionnel ? Quel est votre rôle ? Quel coach êtes-vous ? Quel collègue, homologue, partenaire êtes-vous ? Qui voulez-vous être ? Qu'aimeriez-vous devenir ?	
But fondamental et enjeux	Quel est votre objectif de vie ? Quel est votre objectif professionnel ? Quelle est votre mission ? Quels sont les enjeux de votre projet ? – vos intentions globales ; – vos objectifs matériels ; – ce que vous aimez faire.	

Chapitre 2

Brandissez
votre étendard !

*« Nous ne sommes pas autre chose que l'image que nous
donnons de nous-mêmes : alors mieux vaut y regarder à deux
fois avant de choisir son image. »*

Kurt Vonnegut Jr

Le mot « étendard » est un très vieux vocable dont l'origine
remonte à la langue francique qui était en vigueur au XIᵉ siècle.
L'utilisation des étendards s'était répandue au temps des croi-
sades lorsque revinrent du Moyen-Orient les chevaliers chré-
tiens. Les châteaux, les villes et même les navires les adoptèrent
comme moyen de reconnaissance. Plus précisément, ce que
l'on appelait *« standhard »* à l'époque était une enseigne de
guerre proche de l'oriflamme. Pouvant comporter divers
motifs, couleurs et formes, on avait pris l'habitude de le
déployer en temps de guerre devant les gens d'armes, les
piétons, pour qu'ils puissent s'orienter et savoir où se trouvait
le cheval du seigneur. Si les bannières féodales avaient souvent
une forme carrée, l'étendard était un long triangle qui se
terminait par deux longues queues. Il portait les marques
personnelles du seigneur, notamment sa devise.

© Groupe Eyrolles

Le mot « *standhard* » signifiait « stable », « fixe », « inébranlable ». Il comporte la racine « *stand* », qui est l'action de se tenir debout, et le complément germanique « *hard* » qui signifie dur, inflexible, ferme.

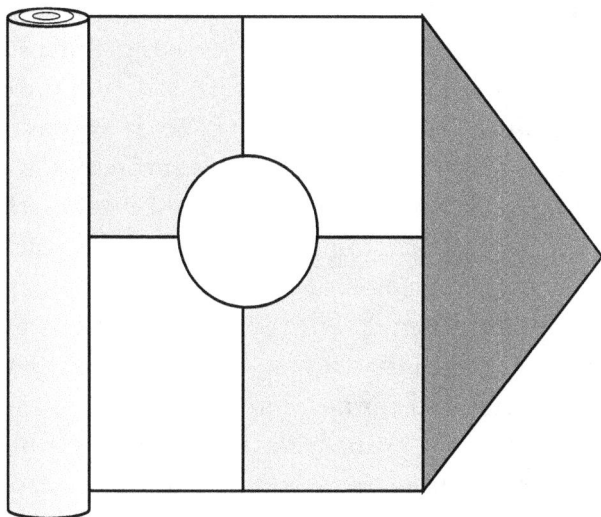

Modèle de base de l'étendard

Au fil du temps, les autres enseignes distinctives, arborées par les rois et les princes, donnèrent naissance, avec les étendards des seigneurs féodaux, à d'autres types d'enseignes portant, au rythme de l'évolution de la société, des ornements différents. Aujourd'hui, l'emploi des étendards permet de professer, sous forme d'insignes ou d'idéogrammes, ses convictions politiques, sa foi religieuse, d'afficher son appartenance à un groupe, un club sportif, une association, une commune, et leur aspect évoque souvent celui des drapeaux. Comme les bannières, ceux-ci font d'ailleurs partie de la vie quotidienne : on voit flotter les uns ou les autres sur les bâtiments publics, lors de commémorations, à l'occasion de la visite officielle de chefs d'État, les jours de fête, pendant le déroulement d'événements sportifs, même dans les salons professionnels ou lors de rencontres événementielles. L'usage des étendards, comme des bannières, est donc très vieux dans l'histoire des hommes et des collectivités. Leur puissance symbolique et le signe de ralliement qu'ils véhiculent sont restés intacts.

À titre individuel, il peut vous sembler étonnant d'évoquer l'usage d'un étendard à propos de votre projet professionnel. Mais son élaboration et son existence sont une excellente façon de réaliser, de manière symbolique, la synthèse de la réflexion à laquelle vous êtes arrivé dans la conception de vos idées à propos de votre futur métier. Grâce à un étendard particulier, conçu selon vos vœux, vous pourrez vous dire : « Voici mon drapeau à moi. » Son importance est plus grande que vous pouvez le penser. Elle réside dans le fait de pouvoir vous dire de manière intuitive et instantanée, à titre confidentiel, « qui je suis », d'affirmer intérieurement « ce qu'est le coaching pour moi ». Votre étendard permet d'exprimer « ce que sont mes compétences », « ce que sont mes objectifs ». Il ne vous est pas demandé de brandir vos couleurs à la portière de votre voiture ou de dresser votre étendard à la fenêtre de votre cabinet ; l'idée est de le « dresser » mentalement, au figuré, à votre intention. Dès que vous l'aurez constitué à votre satisfaction, il sera votre premier outil d'identification. Il agira comme une personnification de vous-même. Vous pourrez à loisir vous en rappeler l'image, notamment dans les périodes de difficultés que vous rencontrerez.

Si vous prêtez attention aux motifs de votre futur étendard, vous remarquez les concepts ajoutés dans ses différentes parties. L'ensemble de ces idées contribue à composer votre marque personnelle. Il élabore une trame en suivant une logique destinée à aboutir à une identité qui est la vôtre. Le résultat final de cette composition est un idéal que vous posez là, comme si vous le plantiez en terre, à la manière des anciens chevaliers. Votre étendard ainsi déployé, il vous sera plus facile

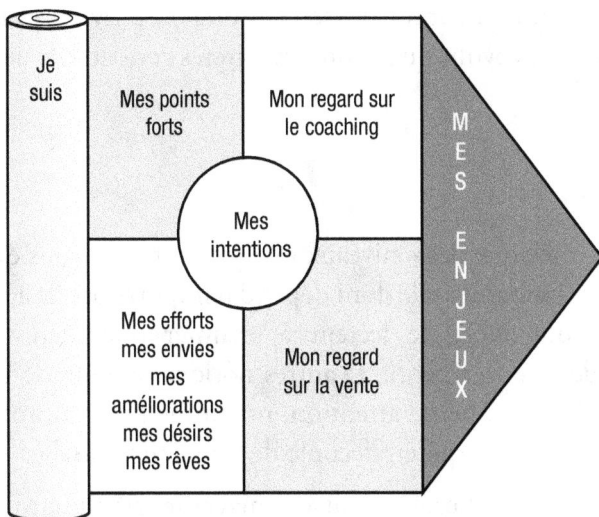

Je suis	Mes points forts	Mon regard sur le coaching	M E S
	Mes intentions		E N J E U X
	Mes efforts mes envies mes améliorations mes désirs mes rêves	Mon regard sur la vente	

La conception de votre étendard personnel

de vous exprimer, d'extérioriser votre personnalité. Vous aurez plus d'aisance à communiquer autour de vous, même de manière non verbale, qui vous êtes, ce que vous êtes et votre détermination – ce pour quoi vous êtes.

Votre étendard représente quelque chose de défini que vous partagez de manière naturelle avec les gens. Il véhicule en vous (et chez les autres qui le sentent) une notion claire d'engagement, car vous n'aurez aucun mal, grâce à sa présence évidente dans votre esprit, à partager les valeurs qu'il porte, avec les autres, notamment vos prospects et vos clients. Il ne serait pas étonnant qu'en travaillant pas à pas à sa conception vous ressentiez quelques transformations en vous-même, comme une métamorphose intérieure.

Votre travail consiste à combler les blancs disposés sous la formulation de chaque concept. Dans les pages qui suivent, un tableau et la copie de l'étendard ci-dessus sont mis à votre disposition. Vous êtes invité à écrire vos réponses dans le tableau, puis à en reporter la synthèse directement dans les parties correspondantes du second étendard. Mais avant de commencer, voyons quels sont les critères constitutifs de votre étendard.

Je suis

Dans la rubrique des « niveaux logiques », nous avons évoqué la notion fondamentale dont dépend n'importe quelle activité. Nous avons incité le lecteur à assumer une identité qui concorde à cette activité. D'autres notions proches de l'identité méritent un peu d'attention, notamment le sentiment de fierté personnelle qui en découle de manière naturelle.

Ce sentiment de fierté est souvent mal compris aujourd'hui, il est même parfois critiqué. La fierté personnelle est valide lorsqu'elle est légitime, elle est la reconnaissance de l'estime que l'on porte à soi-même. Ce qui semble prôné, au contraire, est le doute de soi, que l'on trouve fréquemment sous les traits de l'« antihéros », du « *looser* » chez qui l'engagement pour une cause digne et honorable est supplanté par le réflexe de l'abandon. Loin de nous l'idée d'exalter le sacrifice ou l'abnégation de soi, mais le sentiment de sa propre valeur est un instrument puissant qui vous préserve de bien des déconvenues là où d'autres peuvent vaciller dans leur entreprise ou dans leurs buts. Vous ne tarderez pas à vous apercevoir que le choix de votre métier ne tolère aucun compromis. Attention toutefois de ne pas tomber dans les excès inverses : la confiance en soi s'appuie également sur une remise en question permanente.

La formation de votre étendard renforce votre identification à une cause, identification qui peut être gratifiante. Tout étendard fait office de « marqueur identitaire » comme on peut le voir, par exemple, dans le fanion d'un club ou le drapeau national. Le travail que vous allez effectuer sur lui consiste à découvrir, à reconnaître puis à formuler vos marques personnelles. De même que, dans le passé, on avait souvent recours à une symbolique puissante dont les représentations visuelles étaient destinées à rester gravées dans les esprits, vous, en tant que coach, êtes invité à investir dans un symbolisme personnel et à vous demander « ce que doit être mon étendard ». Quand vous serez parvenu à un point d'accord avec votre symbolique, vous pourrez le « porter » avec fierté. Votre étendard vous devancera presque physiquement, quand vous partirez pour vous rendre à votre rendez-vous. Il sera votre avant-garde, votre ambassadeur, votre héraut, promouvant de manière tacite, mais quasi palpable, votre identité, votre notoriété. Il facilitera votre reconnaissance par les autres, son aura ne manquera pas d'être perceptible autour de vous.

La création de votre étendard comporte des informations précises en réponse à un certain nombre d'interrogations comme :

Quel regard ai-je sur le coaching ?

De quoi suis-je capable de parler, au fond, quand je suis en situation de présenter mon coaching à d'autres personnes ?

Sur quoi est-ce que je m'appuie pour être en bonne relation avec mes clients ou mes futurs clients ?

Quels sont mes points forts, sur quelle expérience je me fonde ?

Qu'est-ce qui constitue ma spécificité, mon originalité, ma signature personnelle ?

Lorsqu'il sera achevé et que vous vous sentirez en accord avec lui, votre étendard, invisible pour les autres mais actuel à vos yeux, vous permettra non seulement de mieux vous présenter, mais aussi d'être plus présent face au monde. Il se peut même qu'il vous aide à vous poser en tant que coach, aujourd'hui, et à créer une cohésion entre vous et votre futur client, à fonder une communauté d'esprit au cours de votre rencontre avec lui. Comme votre étendard représente une sorte d'idéal personnel, ce qui est cohérent en lui et avec vous sera bien là, bien présent avec vous.

Un autre aspect parmi les éléments indispensables de votre étendard est l'envie. Avez-vous sondé votre motivation relative à cette activité ? Avez-vous mesuré le désir que vous avez au fond de vous d'exercer ce métier ? Avez-vous le désir de contractualiser avec votre client ? Désirez-vous le type de travail que vous serez amené à accomplir avec lui ? Il doit exister une réelle envie, un désir élevé pour aller chaque jour « au charbon » et mériter les fruits de son labeur. Vous devriez jauger votre envie et, si le désir est manifeste, non feint, vous constaterez combien il peut conduire au plaisir, celui du travail accompli dans les règles de l'art. Voilà le véritable enjeu : dans le travail, le plaisir ne peut être maquillé, il ne trouve son origine que dans le désir que l'on a de produire des résultats tangibles. Le désir ardent donne des ailes : la foi, comme dit le proverbe, déplace les montagnes. Voilà à quoi se résume « je suis », « qui je suis ». C'est la hampe qui maintient tout le reste, que l'on fiche en terre pour marquer sa position ou par laquelle l'étendard sera vu de loin, résistant à tous les vents.

Mes points forts

Abordons maintenant ce que peuvent être vos atouts dans la pratique du coaching. Vous êtes toujours dans la phase de démarrage du projet. Le tour d'horizon que nous vous proposons d'effectuer doit vous aider à reconnaître chez vous des points forts que vous pourrez exploiter en basculant d'une expérience professionnelle antérieure dans ce nouveau projet de vie. Nous vous invitons à passer en revue, de manière générale, ce sur quoi vous pouvez vous appuyer pour rendre votre projet encore plus réalisable. Essayez de déterminer ce qui peut agir comme des avantages dans l'expérience que vous avez accumulée. Peut-être direz-vous :

* « Je suis quelqu'un qui aime communiquer » ;
* « Je connais bien le monde de l'entreprise » ;
* « J'ai de l'expérience comme dirigeant dans tel domaine » ;
* « Je me sens à l'aise dans le management, je connais la stratégie » ;
* « J'ai de grandes dispositions pour écouter les gens » ;
* etc.

Il est important de noter cela par écrit comme autant d'indications positives. Elles vous aideront à jauger votre capacité à passer d'un ancien mode d'opération, où vous avez vos habitudes, à un autre système attrayant mais encore inconnu, où vous n'avez pas vos marques.

Il existe aussi des points forts d'ordre plus psychologique, comme des traits de caractère qui peuvent être avantageux : le courage, l'absence de timidité, la persévérance… Mais il n'est pas besoin d'accorder une trop grande attention à ceux-là car on se rendra compte qu'ils ne jouent pas un rôle capital dans la mise en œuvre de votre projet. Que l'on ait un tempérament introverti ou extraverti, que l'on aille spontanément vers les gens ou que l'on préfère attendre qu'ils viennent à soi, ces traits de caractère ont une influence minime. Ce qui compte en dernière analyse, c'est l'acte de communiquer. Par exemple, on peut attendre avec une relative confiance que les gens viennent à soi si l'on a conscience d'avoir un certain charme et que l'on sait en tirer parti. Une bonne façon de compenser le handicap d'un manque de spontanéité est d'user de son charisme personnel. D'autres pourront, de leur côté, exploiter tel trait de caractère pour aller au-devant d'autrui. Certaines personnes, ne sachant pas le faire, se forcent à communiquer, mais à leurs dépens. Elles se disent : « Je vais y aller, je vais aller vite, il faut que j'y aille », et ne prennent pas la mesure qu'implique une bonne préparation. Il est donc essentiel de ne pas se tromper dans cette autoanalyse rapide et de reconnaître avec exactitude ses points forts. Ce ne sont pas toujours ceux auxquels on pense.

Une multitude d'autres traits de caractère peut être présente dans les facettes d'une personnalité, de manière plus ou moins manifeste, telle que la pugnacité, la disponibilité, la chaleur humaine, la générosité, la perspicacité, la faculté de raisonnement, l'aptitude à comprendre les problèmes chez les autres, l'empathie… Le choix est si vaste que nous risquons de précipiter le lecteur dans une analyse psychologique fastidieuse et inutile. Ce n'est pas notre but. Nous ne vous demandons pas de procéder à une introspection de plus de quelques minutes. C'est très simple : par exemple, si vous savez que vous raisonnez bien ou que vous raffolez des problèmes de stratégie, ça suffit ! L'objectif est de parvenir à identifier ce qui servira de points d'appui pour aller de l'avant. C'est tout !

Mon regard sur le coaching

Cette autre partie de l'étendard vous invite à vous interroger sur la vision que vous avez de votre future activité. Trois questions méritent d'être posées :

- Qu'est-ce que le coaching pour moi ?
- Qu'est-ce que le coaching en général ?
- Pourquoi veux-je faire du coaching ?

Si vous parvenez à répondre de manière objective à ces questions, vous obtiendrez un regard lucide sur le coaching et sur vous-même. En remplissant cette partie de l'étendard, vous clarifierez la raison pour laquelle vous voulez faire ce métier :

* Pourquoi je m'y engage ?
* Pourquoi, demain, je veux avoir un étendard de coach ?
* Qu'est-ce que je veux y trouver ?
* Est-ce que je veux réparer quelque chose en moi ou chez d'autres personnes ?
* Qu'est-ce que je veux y apporter ?

Chercher à remédier, même de manière inconsciente, à une difficulté personnelle et choisir en conséquence le métier de coach est une motivation légitime, comme c'est parfois le cas de ceux qui, cherchant à effectuer un travail sur eux-mêmes, embrassent le métier de psychologue. Attention cependant à ne pas mélanger les genres. Quelles que soient la situation personnelle dans laquelle vous vous trouvez, l'histoire que vous avez vécue, les expériences que vous avez faites, votre sensibilité dans certaines circonstances, les difficultés que vous éprouvez et que vous souhaitez résoudre, n'oubliez pas de marquer une frontière entre l'intimité de votre existence et le métier que vous souhaitez exercer. Pour garder la maîtrise de son activité professionnelle, il importe de savoir en toutes circonstances « qui fait quoi ».

L'analyse de votre regard sur le coaching permet de clarifier ce qui suit : « Pour quelle raison, au fond, veux-je faire du coaching ? Est-ce parce que j'ai rencontré des coachs qui m'ont plu et que je trouve leur métier formidable ? J'ignore encore les conditions d'exercice de ce métier, mais il m'attire. En outre, les coachs gagnent beaucoup d'argent. Moi, j'en ai assez de gagner 35 000 € par an, je veux en gagner 70 000 et, dans ce métier, d'après ce que j'en sais, c'est un niveau de rémunération auquel je peux prétendre… » Voilà un point de vue tout à fait respectable. Mais il ne faudrait pas en rester là car cette première analyse restera incomplète et ne vous sera pas d'une grande utilité pour votre avenir. Il faudrait vous interroger sur la véritable finalité et sur l'enjeu que ce métier représente pour vous.

Là où nous en sommes, une mise au point est nécessaire. Il arrive souvent que l'intérêt porté au métier du coaching s'accompagne d'une fausse idée de la profession. Habituellement, ce qui attire les gens dans ce domaine est la possibilité qui leur est offerte de venir en aide aux autres. Cette louable intention a cependant peu de rapport avec le coaching. Cela mérite sans doute quelques explications. Ancien champion automobile, coach de sportifs de haut niveau (champions de ski, de golf, de tennis), Sir John Whitmore fut le premier à jeter une passerelle entre deux mondes que rien ne semblait réunir : le coaching sportif et le coaching en entreprise. Grâce à lui, le coaching évolua pour devenir ce qu'il est aujourd'hui, l'accompagnement d'une personne ayant la volonté de changer et exprimant une demande d'évolution vers une autre performance de façon durable. L'organisation et la mise en œuvre de ce type d'accompagnement s'appuient objectivement sur des indicateurs mesurables et sur des moyens destinés à quantifier ces indicateurs. Tel que nous le pratiquons, le coaching est un accompagnement qui se préoccupe essentiellement de provoquer des prises de conscience majeures, de générer des comportements performants et adaptés aux situations, d'identifier des moyens et des méthodes destinées à cerner « ce qu'il faut faire et comment le faire dans un contexte défini », en faisant appel à l'implication permanente du client.

Pour nous, le coaching n'est pas une approche psychologique au sens analytique, ayant comme base de travail les névroses et l'historique du client. Être coach, c'est d'abord et avant tout « accompagner » son client dans le processus de changement ou d'évolution qu'il recherche. On peut choisir ce métier parce que l'on se sent à l'aise dans l'écoute, parce que l'on se sent attiré par les rapports humains, que l'on estime avoir des atouts dont on aimerait faire profiter les professionnels d'entreprise, les artistes ou les particuliers. Ce sont là des points forts personnels que l'on peut désirer mettre au service de la communauté. Il se peut que l'on possède l'aptitude à transformer les informations recueillies chez son interlocuteur en plans d'action réalisables pour améliorer une situation donnée. Il se peut que l'on sache traduire ces informations sous forme de nouvelles questions susceptibles d'encourager son interlocuteur à progresser dans ses efforts d'amélioration.

Si l'on a l'intention de prendre en charge la personne que l'on écoute, il faut savoir que cette volonté, pour méritante qu'elle soit, dépasse le cadre du coaching. Il importe de marquer la différence entre l'aide apportée à un ami qui la demande et qui en a besoin (je l'aide à déménager, je lui donne un conseil, je lui apporte une aide pécuniaire parce qu'il a un pépin…), et l'accompagnement d'une personne dans un projet à mettre en œuvre. Ce sont les deux rives opposées d'une même rivière ! On peut aimer aider les gens, mais ce n'est pas une raison légitime ou suffisante pour décider de faire du coaching, étant donné que le contexte, les outils employés et les objectifs poursuivis ne sont pas équivalents.

Il importe de se rendre compte de cette différence fondamentale, sous peine de s'illusionner sur le mode d'action du coaching. Dans certaines situations, il est vrai que l'aide peut se trouver associée au conseil, et qu'alors on peut être enclin à dire à la personne avec laquelle on s'entretient ce qu'elle devrait faire. Mais le métier de coach, ce n'est pas cela ! Il consiste à accompagner l'autre pour qu'il découvre ce qu'il va faire, ce qui lui semble approprié de faire et ce qu'il veut faire. Le coaching contribue à renforcer la personne coachée dans son autonomie. Cette mise au point nous semble utile pour nous assurer que ceux qui s'intéressent à ce métier n'entretiennent pas de doute à ce propos. En général, ceux qui ont suivi une formation de coaching ont abandonné cette fausse idée.

Pour l'anecdote, il peut arriver qu'un client manifeste son émotion (pleurs, colère, etc.) en séance de coaching. Cela arrive plus souvent qu'on ne le pense. Cette manifestation émotionnelle prouve que le coach a su créer un excellent climat de confiance entre lui et son client, ce qui est fondamental ! Le bon déroulement de l'entretien reposera sur son aptitude à recueillir et à utiliser les informations pertinentes relatives à cette situation inattendue pour envisager le processus de changement et d'engagement le mieux adapté aux besoins du client. Mieux le coach maîtrise ce type d'imprévu, en ayant le recul nécessaire face à l'événement, plus la séance se passe bien. Il importe de savoir utiliser ce qui se produit. Cet accès émotionnel est un signal puissant qu'il est nécessaire de prendre en compte sans entrer dans une introspection psychologique. Le coach pressent l'existence d'un enjeu personnel qui n'a pas été révélé, il peut diriger son attention vers l'élément déclencheur et en tirer profit pour promouvoir une action profitable à son client.

On ne peut éviter l'imbrication de la sphère privée dans la sphère professionnelle, et *vice-versa*. Cette imbrication alimente la querelle où certains thérapeutes reprochent à quelques coachs d'intervenir dans le domaine individuel sans y être formés. Cette polémique n'est pas notre propos. Nous parlons ici de professionnels quels qu'ils soient, qui savent ce qu'ils font, qui ils sont et avec quels outils et quelles compétences ils interviennent. On ne peut ignorer des situations où, quelle que soit sa branche d'activité, le coach avisé doit comprendre pourquoi son client est désemparé ou abattu. Aucun coach exerçant de manière impersonnelle et froide ne réussira dans une profession qui requiert de l'écoute et de la compréhension. S'enquérir de l'histoire ou de certains éléments du passé de son client peut faciliter la conception d'un processus d'accompagnement adapté. Le coach expérimenté doit également avoir une latitude pour revenir à bon escient sur l'émotion manifestée en séance par son client. Cela l'aidera à trouver une source de motivation pour le travail en commun.

Cette mise au point constitue l'objectif final de cette étape ; compléter votre regard objectif sur le coaching et votre connaissance de la raison principale pour laquelle vous désirez faire ce métier.

Mes efforts, mes envies, mes améliorations, mes désirs

On dit que l'amour fait tourner le monde… Tout poétique qu'il soit, cet adage n'en est pas moins vrai. S'il n'existait aucune affinité dans le cœur des hommes pour ce qu'ils sont, ce qu'ils font et ce qu'ils ont envie d'être ou de faire, il est probable que le monde n'existerait pas tel que nous le connaissons. Il se pourrait même que les hommes soient incapables d'endurer ce que l'existence leur fait souvent supporter. Le désir est un moteur central. Sans lui, il est probable que nous perdrions nos certitudes en nous-mêmes ainsi que nos rêves. N'est-ce pas ainsi également que l'on perd toute raison de vivre ?

Sur le plan pratique, imaginez que vous ne désiriez pas rencontrer les clients chez qui vous avez rendez-vous cette semaine… Imaginez que vous n'éprouviez même pas l'envie de les appeler. Vous pouvez deviner la suite… vous n'auriez qu'à fermer boutique ! Lorsque le réservoir d'essence d'une voiture est vide, le moteur cale puis s'arrête.

Plus que le simple souhait, le désir engage dans l'envie de découvrir l'autre. Il entraîne également la possibilité que l'autre désire nous découvrir. Ces verbes se conjuguent plaisamment à tous les temps et à tous les modes, mais il vaut mieux les faire siens au présent ! En réalité, la notion de désir est si puissante qu'elle conditionne à elle seule toute création. Il importe d'y réfléchir un instant : sans un désir élevé, sans que l'on éprouve un plaisir, même potentiel, comment le futur pourrait-il être concevable ?

Nous envisageons mieux alors combien le client ou le prospect devraient non seulement être le point de mire de toute votre attention, mais aussi l'objet d'un désir sincère, naturel, authentique de votre part. Loin d'être exclusif vis-à-vis du client et de son argent, un tel désir doit embrasser tous les aspects de votre future activité. Le désir du contrat financier est un facteur légitime, susceptible de vous motiver de manière importante, mais lorsque l'on considère la somme d'actions à accomplir pour obtenir une signature sur une ligne pointillée et le règlement qui l'accompagne, on se rend compte que ce résultat ne constitue peut-être, après tout, que le cinquantième de l'activité générale. Si l'on n'éprouve que peu d'intérêt pour le travail administratif, la préparation des rendez-vous, l'exécution répétitive des multiples tâches inhérentes à une activité de conseil, on aura peu de chances de voir les contrats se matérialiser.

Tout homme et toute femme qui réussissent, *a fortiori*, dans une activité indépendante où l'on doit vite apprendre à être autonome et maître de soi possèdent une aptitude spéciale, différente de celles de leurs pairs du monde salarial. Ils ont su créer leur désir, l'entretenir et l'accroître. Ils ont le « désir des gens », de la rencontre, des objectifs, de la réalisation, des résultats, des difficultés même, des défis et de l'enjeu. C'est peut-être là, en plus de quelques autres ingrédients complémentaires, le secret de leur réussite. Avez-vous conscience de cela ? Fort bien ! Sinon, pouvez-vous le mesurer à sa valeur actuelle ?

Comme les deux faces d'une médaille, le désir peut se manifester du côté où vous ne regardez pas. Il vous arrivera, de temps à autre, de recevoir une demande de rendez-vous de la part d'une personne que vous ne connaissez pas, mais qui a entendu parler de vous. Elle veut travailler avec vous. Avant de vous lancer et d'accepter cette demande, il convient de faire preuve d'un peu d'expérience. Êtes-vous « compatibles » tous les deux ? Êtes-vous sûr que vous vous entendrez avec cette personne ? Pour elle, la question ne se pose pas car elle a envie de travailler avec vous et vous fait confiance. Mais vous, vous ne l'avez jamais rencontrée. Le désir se manifeste donc aussi par ce qui passe entre deux personnes, ce « courant » qui franchit la distance et crée comme une cohésion facilitant le passage de la compréhension. En termes plus simples, « sentez-vous » l'autre ? Existera-t-il une « alchimie », comme le disent les Anglais, entre vous deux ? Voilà la raison pour laquelle il est conseillé de ne pas accepter de prospect si l'on n'a pas le désir de travailler avec lui. Ici, l'instinct entre en ligne de compte.

Ainsi, votre étendard doit comporter ces précieux facteurs que sont à la fois « le désir du client, du métier, du contexte global dans lequel vous exercerez ». Il peut même exister le désir de ne pas réussir tout de suite, celui de « se planter », celui d'être « acheté » plutôt que d'être « vendu », de savoir comment faire pour être acheté plutôt que de vendre, le désir d'apprendre, d'étudier, de se remettre en question, de commettre des erreurs et de reconnaître que l'on en a faites… Bref, le désir d'humilité où l'on quitte la façade de celui « qui sait tout » pour investir le désir de celui qui veut apprendre.

Comme il en est de tout autre métier, le coaching ne s'improvise pas. Le métier s'apprend semaine après semaine, au long d'une voie « initiatique » jalonnée d'épreuves et de leçons de l'expérience. Ces repères comprennent des périodes de stages, de formation et d'échanges professionnels entre pairs jusqu'au jour où l'on acquiert le sentiment réel d'entrer dans la catégorie des coachs performants, puissants et efficaces. Dans notre métier, il n'est pas rare de suivre dans l'année une bonne vingtaine de jours de formation personnelle ou plus, dans différents aspects du coaching. La remise à niveau contribue à entretenir le désir de s'améliorer et de réussir. Elle contribue aussi à se rendre désirable sur son marché. Car cela fonctionne dans les deux sens : désirer pour soi, c'est aussi désirer pour l'autre. Cette lente ascension nécessite du courage, un travail ardu, une persistance à toute épreuve.

Votre désir va-t-il jusque-là ? Si oui, la passion vous habitera et vous serez capable d'apporter votre pierre à l'édifice en améliorant la profession et la vitalité de la société. Vous aurez peut-être remarqué que cela n'est pas sans rappeler une notion dont nous avons parlé il y a quelques pages : la fierté personnelle.

Mon regard sur la vente

Après être parvenu à cerner votre identité de coach grâce aux réponses relatives à la hampe de l'étendard, votre regard sur la vente devrait s'en trouver plus clair. Cependant, cette étape vous invite à examiner plus en détail votre vision sur : ce qui vous paraît facile et ce qui l'est moins ; vos peurs, vos freins, vos forces et vos axes d'amélioration. Elle devrait aussi vous permettre d'avoir une image plus précise de ce qu'est la vente.

Que l'on en soit désolé ou pas, décrocher un contrat n'est pas aussi simple qu'il y paraît. Nous nous trouvons dans un domaine soumis à une concurrence rude, où les clients potentiels sont exigeants et les enjeux souvent importants. La vente de services tels que le coaching demande un investissement personnel durable et une attention soutenue, associée à une intention réelle d'obtenir le résultat escompté. L'une et l'autre devraient si bien faire corps avec vous que cela doit se refléter instantanément dans votre manière d'être et d'agir quand vous êtes en rapport avec un client ou un prospect. Vous portez toute votre attention au contact et y mettez toutes vos intentions, ainsi que du désir et de l'enjeu. L'intention, le désir et l'enjeu forment ainsi des éléments primordiaux enrichissants, voire constitutifs de votre étendard.

Le regard sur la vente comporte plusieurs autres aspects dont le moindre n'est pas ce que l'on pourrait appeler le « principe de réalité ». Concrètement, le métier que vous envisagez de faire devrait vous permettre de gagner votre vie ou de mieux la gagner. Il faut donc que vous vendiez quelque chose, en l'espèce des prestations de coaching… Si vous ne maîtrisez pas le domaine commercial, vous risquez de rencontrer des difficultés que savent en principe surmonter les personnes pour qui la vente est un jeu plus facile.

Ces considérations amènent à corriger d'emblée, nous l'espérons du moins, l'erreur qui consiste à croire qu'en tant que vendeur de mes prestations : « Je n'ai qu'à être là », ou : « Il me suffit d'être coach », ou encore : « Il suffit que j'annonce mon activité de coach pour que l'on m'achète. » L'activité de la vente requiert des compétences particulières. Il n'est pas question, à cette étape, d'entamer la lecture d'un manuel sur les méthodes de vente ou de prendre des cours de techniques commerciales, quoique cela puisse être profitable plus tard. Il s'agit seulement de vérifier en quelle croyance vous placez la vente, à l'heure où vous lisez ces pages. Cette action est considérable pour votre avenir : vous êtes en effet en train d'entamer un processus de création relatif à un nouveau projet de vie. Peut-être faut-il rappeler qu'il ne s'agit pas seulement d'un projet professionnel : c'est un véritable projet de vie, avec tout ce que cela implique.

Un autre problème apparaît en ce qui concerne la nature de ce que vous vendez. La commercialisation d'ordinateurs, d'appartements ou de voitures consiste à offrir des articles palpables et mesurables, ce qui n'est pas comparable avec des services intellectuels. Nous pourrions aller jusqu'à affirmer, comme le font certains, que l'offre de coaching se résume à vendre « du vent ». En l'absence d'articles à vendre visibles, palpables, mesurables et qui peuvent, par leur seule présence, « parler » pour le vendeur, vous êtes amené à vendre la seule présence réelle, celle de la personne qui est devant le client, c'est-à-dire vous-même. Il convient de comprendre ce qui se passe en réalité dans ces relations commerciales entre le client et vous. Il est essentiel de découvrir quels mécanismes régissent ces négociations, et ce qui détermine leur réussite ou leur échec dans ce domaine.

Le pas que vous êtes sur le point de franchir comporte un enjeu multiple : personnel, familial, financier, moral, en plus de son aspect professionnel. Vous pouvez dorénavant commencer à mesurer l'enjeu que représentent ces éléments dans la constitution de votre étendard. Les ingrédients que sont l'attention, l'intention, le désir, le plaisir et l'enjeu sont capitaux. Puisqu'ils engagent votre vie, votre famille, et donc pas seulement vous !

Votre regard sur la vente englobe également la nécessité d'assurer la pérennité de votre projet. Cette pérennité est conditionnée à votre talent de négociateur. Comment cela va-t-il se passer en ce qui vous concerne ? Comme nous l'avons brièvement évoqué, il s'agira pour vous de « vendre » un acteur – en l'occurrence vous-même –, c'est-à-dire une personne que l'on pourrait qualifier du terme inattendu de « produit ».

Quelle est votre idée de la vente ? Vendre est-il difficile ? Si telle est votre opinion, autant en faire le constat et l'écrire sur le papier : « Oui, la vente, c'est difficile. » C'est le constat que vous faites, l'appréhension que vous en avez. Le fait d'être sincère avec vous-même vous aide à savoir avec lucidité où vous en êtes en ce qui concerne l'acte de la vente. Puisque vous

vous dites que cela sera difficile, vous savez qu'il faudra y porter une attention toute particulière. Il se peut que vous soyez un excellent vendeur, auquel cas c'est parfait pour vous ! Mais n'oubliez pas le reste : comment allez-vous adapter votre savoir-faire commercial à votre projet et au « produit » que vous allez incarner ? Vous ignorez tout de la vente ? Tel est votre regard ! Après tout, il se peut que vous n'ayez aucune idée des mécanismes qui entrent en jeu dans un processus de vente. Peut-être ne vous êtes-vous jamais posé la question à ce sujet. Il est primordial de vous familiariser avec les règles qui régissent la commercialisation des services liés au coaching !

La plupart des gens que nous rencontrons dans nos séminaires pensent que la vente est difficile. Ils disent : « C'est difficile d'annoncer le prix au premier client. » Si tel est votre cas, il est indispensable de vous interroger sur la manière dont vous allez trouver votre premier client et lui vendre vos services. Le fait de vous pencher sur cet aspect spécifique du coaching vous engage un peu plus dans la future réalité qui sera la vôtre. Vous progressez peu à peu vers l'avenir en vous demandant comment vous allez faire pour être acheté la première fois et les fois suivantes.

À l'image de la chenille dans sa chrysalide, qui passe lentement à l'état de papillon, ces multiples questions doivent contribuer à provoquer en vous une subtile métamorphose intérieure. Une transformation essentielle, guidée par la reconnaissance de ce que doivent être les critères de réussite de votre future activité. Peut-être comprendrez-vous mieux pourquoi votre regard sur la vente est un axe majeur dans la réussite du lancement de votre projet.

Cette confrontation avec la réalité ne saurait être complète si elle ne mettait en lumière les émotions négatives qui peuvent être réprimées, de manière plus ou moins consciente. Le fait de remplir cette partie de l'étendard en dernier devrait vous rassurer sur vos possibilités et vos atouts. Vous êtes sans doute plus à même de vous dire maintenant, qu'au fond, il n'y a pas de raison que l'on ne vous achète pas. Ce gain d'optimisme va vous encourager à rencontrer vos futurs clients, vous aider à aller de l'avant avec une intention et une sérénité nouvelles. Il reste cependant un point délicat à résoudre. Vous êtes probablement arrivé à une étape où vous pensez désormais qu'existent sur terre toutes les probabilités pour que l'on vous passe commande, mais… avez-vous le produit ?

Il faut clarifier ici cette idée de « produit ». C'est très simple. La métamorphose grâce à laquelle, de l'état de chrysalide (« Je suis une personne qui a un projet professionnel, lequel est aussi un projet de vie ») vous passez à celui de papillon (« Je suis une personne qui est son propre produit et qui peut voler de ses propres ailes »), s'est-elle produite en vous ? Vous devez être parvenu au point crucial où vous pouvez maintenant vous considérer comme LE COACH étant LE PRODUIT à vendre. Une autre image peut contribuer à comprendre cette idée de produit : imaginez-vous telle une « boîte de céréales » disposée sur un rayon de supermarché. Se considérer comme une telle « boîte » n'a rien de dégradant, d'inhumain ou de péjoratif. C'est une astuce, un point de vue à adopter qui donne du recul par rapport à soi-même et qui permet d'appréhender avec une plus grande objectivité la réalité du marché du coaching que vous vous proposez de conquérir ainsi que votre place sur ce marché.

Dès que vous aurez acquis une bonne connaissance de la réalité du marché et du terrain, vous serez plus à même de vous débrouiller pour devenir la « boîte de céréales » la plus attrayante possible. Cette boîte doit être si attirante que le client tendra instinctivement la main vers elle pour s'en saisir, au lieu d'une autre boîte. L'essentiel étant d'être et de rester sur le rayonnage. Il est toutefois impératif de garder à l'esprit

« qu'il en faut pour tous les goûts » et que, fort heureusement, à chaque client correspond « sa boîte » et « sa marque » de céréales. En cela, concurrence et diversité font l'affaire de tous. L'étape suivante est destinée à travailler sur cette idée de « produit »[1].

Mes intentions

La partie consacrée à vos intentions est située au centre de l'étendard pour la simple raison qu'elle fédère tout l'ensemble. Avez-vous analysé la nature de votre intention ? En général, la réponse est simple et se résume à ceci : vous souhaitez mener à bien votre projet de vie. Encore faut-il entrer un peu plus dans l'examen de ce vœu. Votre intention peut, en effet, comporter des parties sous-jacentes comme « réussir à être coach », « être en accord avec ce que je fais, avec le métier que je pratique et ce que je suis au fond, y compris l'idée de ce que peut être ma mission sur terre… ». C'est ça, l'intention ; c'est réussir votre vie, être en accord avec ce que vous êtes et ce que vous faites.

L'intention est évidemment, par nature, très personnelle : « Pourquoi est-ce que je fais tout cela ? Pour réussir ma vie ! » N'est-ce pas exact ? Il est possible que vous pensiez aussi à gagner beaucoup d'argent, ce qui n'est pas interdit. Cela ne devrait pas poser de difficultés particulières. En fait, votre intention fondamentale, celle qui domine tout ce que vous faites, doit vous aider à opérer la transformation dont nous parlions plus haut. En observant cette métamorphose qui s'opère de l'« informe » au modèle exemplaire du papillon, nous sommes enclins à soupçonner l'existence d'une intention suprême recelée par la vie, qui organise le changement des formes vers leur achèvement ultime (nous ne parlons pas de

---

1. La notion de produit est développée dans la partie III « Le marketing du coach ».

perfection). Quelle est l'intention ? sortir d'un état de non-être pour accéder à un autre état d'être dans lequel se réaliser en atteignant ses objectifs fondamentaux. Cette voie passe par une intention claire.

Tous les éléments qui se trouvent dans cet étendard sont des moteurs, des points d'ancrage personnels qui vous permettent d'énoncer votre enjeu. Vous devez pouvoir vous dire : « Voilà, j'ai trouvé mon intention, c'est ça, et c'est réussir ma vie (ou réussir telle partie de ma vie). J'estime avoir bien mené ma barque jusqu'ici, dans d'autres espaces professionnels, mais aujourd'hui, je serais heureux de mener celle-ci à bon port. Peut-être aurai-je un autre but plus tard, une autre intention dans laquelle je mettrai autant d'enjeu, d'intention et d'énergie pour réussir. Mais pour l'instant, voilà ce que j'ai choisi de faire et telle est mon intention. »

Prenons un exemple imagé, et comparons cela à un compteur qui mesurerait la quantité d'énergie que vous êtes prêt à consommer pour réussir. Est-ce que vous y mettez 100 % d'énergie ou 20 % de capacité ? L'intention, c'est aussi une manifestation qui est à la fois consciente et inconsciente. Vous êtes conscient de la raison pour laquelle vous faites ce que vous faites, et il y a un aspect plus profond où vous pouvez ne pas y aller à fond… Ce peut être ces deux choses combinées entre elles. Mais quand vous aidez quelqu'un, par exemple une femme âgée ou un aveugle, à traverser la rue, votre intention est humaine ; c'est une volonté d'accompagnement, vous donnez de la sécurité, c'est une intention bienveillante qui s'accompagne en réalité d'autres choses inconscientes, mais qui vous incitent à faire ce que vous faites sans réfléchir, comme une simple impulsion. Vous ne vous posez pas la question d'y aller ou pas, vous foncez. Voilà votre intention à l'œuvre.

Un autre aspect de l'intention concerne la communication. Des circonstances peuvent survenir où l'on se rend compte que quelque chose cloche avec un collaborateur, un collègue de travail, un client. La personne est moins ouverte que d'habitude, elle paraît mal à l'aise, elle évite certains sujets. Vous l'interrogez, elle ne répond pas directement. Comment résoudre et prendre en main cette situation ? Vous avez le choix entre : mettre les pieds dans le plat en demandant ce qui se passe, ou laisser passer et ne rien dire. La première solution est directe, mais risque de faire des vagues. La seconde peut, entre autres, être motivée par le souhait de préserver une bonne entente avec cette personne. Vous décidez alors de contourner la difficulté en restant conciliant, quitte à relancer plus tard la personne d'une manière ou d'une autre pour savoir enfin ce qui se passe.

Ces différents aspects de l'intention montrent combien elle joue un rôle primordial dans le métier de coach. Il est capital de savoir avec quelle intention « je suis dans ce métier » ou « je suis dans la relation avec l'autre ». On peut avoir l'intention d'exprimer, d'extérioriser tout ce que l'on perçoit, tout ce que l'on ressent, désirer révéler à la lumière tout ce qui ne va pas, ne rien retenir, être clair et transparent dans la relation avec l'autre. Il en est après tout de votre responsabilité : le coaching requiert la transparence ; les échanges doivent rester fluides car nous savons que cacher des informations risque de freiner les progrès du client et empêcher la résolution de ses difficultés. Mais voilà, le client a-t-il envie de ça, et ne risquez-vous pas de le brusquer ou d'aggraver la situation en approfondissant, en le poussant dans ses retranchements ?

Prenons un exemple concret. Imaginons que vous vous rendiez compte qu'un de vos clients omet de dire ce que, de toute évidence, vous devriez savoir en tant que coach. Il tourne autour du pot, fuit vos questions. Vous pouvez décider d'attaquer le problème de front et de le confronter pour l'amener à dire ce qui se passe. Après tout, il vous paie pour « tout vous dire » dans la mesure où cela entre dans les clauses de votre contrat. Vous estimez important qu'il exprime ce qu'il a en tête, ce qui le préoccupe, et vous pensez, à juste titre, qu'il doit vous faire confiance. Il se peut que cela agisse comme un blocage dans la situation où il se trouve. Vous voulez l'encourager à extérioriser ce qu'il garde pour lui. Vous allez devoir faire preuve d'une certaine adresse et adopter une stratégie dans la communication qui va l'amener, grâce à quelques questions, à accepter de vous faire des confidences. Il s'agit donc d'une attitude professionnelle que d'insister pour qu'il vous parle.

Vous pouvez aussi accepter que votre client n'ait pas envie de se confier, estimer que ce n'est pas grave : vous décidez alors de faire « avec et sans cela » et de travailler sur autre chose. Cette option est également une intention bienveillante, conforme au contrat qui vous lie à votre client, contrat qui doit conduire à une même « productivité » de séance.

L'intention est donc primordiale ! Il est crucial de vous interroger sur l'attitude générale que le choix de votre métier vous demande d'adopter dans la situation relationnelle avec l'autre. Cette question, nous venons de le voir, conditionne directement le professionnalisme avec lequel vous allez exercer votre métier de coach.

L'intention peut être mesurable par un curseur déplacé de bas en haut dans l'échelle graduée de la communication. Qu'êtes-vous prêt à prendre en compte dans la relation avec le client et dans la nature de la situation qui l'affecte ? Savez-vous à quel point vous allez prendre en considération les difficultés de communication de l'autre, et êtes décidé à l'aider à les résoudre ? L'intention est comme un baromètre dont le mercure monte ou descend au gré de votre implication dans la communication.

Si, en considérant ce nouveau métier, vous pensez seulement « essayer pour voir », votre intention est différente. Vous venez, par exemple, d'être licencié, vous avez quitté votre employeur avec un chèque confortable, vous avez un an devant vous. Vous vous dites : « J'ai rencontré des coachs, ce qu'ils font m'a plu et me paraît assez simple. Je pense que je peux le faire, et le faire bien. Mon intention est d'essayer. » Il se peut que cela réussisse pour vous ! Mais les questions fondamentales sont : « Quelle énergie vais-je y consacrer ? », « Quel est l'enjeu ? ».

Voilà pourquoi, en vérité, l'intention a un rapport avec l'enjeu, avec votre regard sur le coaching, avec vos points forts, avec votre désir, avec les intérêts commerciaux qui sous-tendent l'ensemble de votre activité, et elle a un rapport avec votre identité. Vous pouvez vous donner six mois « pour voir, pour aller ici et là »… Mais, dans ce cas, vous êtes loin de vous impliquer à fond, vous ne vous engagez pas… Fort bien ! C'est votre choix ! L'intention est un curseur qui indique la quantité d'énergie que vous êtes prêt à dépenser pour réussir.

Mes enjeux

La nature de l'enjeu est si cruciale pour votre réussite qu'elle est située à part, à la pointe de l'étendard. C'est « le nord de votre boussole », de tout l'ensemble. *Le Petit Robert* nous apprend que l'enjeu est *« ce que l'on peut gagner ou perdre, dans une compétition, une entreprise »*. Cette notion, telle que nous l'entendons ici, peut englober à la fois des concepts subjectifs, moraux, idéalistes. Mais nous la résumerons en nous demandant quel enjeu existe en ce moment en ce qui vous concerne. Eh bien, la réponse va de soi : c'est le but final, ce que l'on pourrait appeler « le but du but » ! Si vous ressentez qu'il est fondamental pour vous de faire du coaching, vous touchez là à la véritable nature de l'enjeu. C'est ce que vous voulez faire, c'est ce qui donne un sens à votre évolution personnelle et à votre vie. Il s'agit de l'« aimant » qui « tire » et « attire » l'ensemble.

L'enjeu est essentiel, et cependant si mal compris qu'il est utile d'insister sur ce sujet. À lui seul, il est capable de donner un sentiment d'urgence, de nécessité d'agir maintenant, en faisant appel à la mobilisation de ses ressources et à la concentration de son attention sur ses moyens et vers le but général. L'enjeu donne aussi la mesure de sa fierté personnelle. C'est ce que l'on risque de gagner ou de perdre dans une entreprise, une action, une compétition et qui nécessite la mobilisation extrême de toute notre énergie. « Si je ne réalise pas aujourd'hui ce que j'ai décidé, j'aurai le sentiment d'avoir perdu quelque chose et je serai extrêmement déçu », ou « Je serai moins performant dans un autre domaine parce que je n'aurai pas mesuré l'importance du résultat visé ».

La notion d'enjeu est vraiment capitale. C'est ce qui se passe au fond de la personne et qui permet de dire : « Oui ! Voilà ! C'est juste ça ! » C'est ce qui donne une valeur élevée à la raison pour laquelle vous existez et vous luttez.

Nous pourrions aller plus loin en affirmant qu'en définitive le coaching est votre seule issue. Ce sentiment peut être vraiment puissant, et certains parviennent à s'en inspirer pour ranimer leur motivation ou la renforcer. La question que l'on peut se poser est : « Est-ce suffisamment important pour moi pour que j'y mette toutes mes forces ? » Voilà le genre de travail qu'il convient de faire dans cette partie de l'étendard, le type d'introspection que vous êtes invité à exercer ici. En y réfléchissant bien, vous conviendrez que si l'enjeu n'est pas assez élevé pour vous, c'est qu'il vous reste encore d'autres solutions de repli et que vous n'êtes pas disposé à vous investir complètement dans le coaching. Vous n'êtes pas prêt à souffrir, à endurer, à faire preuve de patience, de ténacité, de fidélité à vos buts pour vous transformer dans le sens désiré.

Voilà à quel niveau se place l'enjeu. Certains débutants se disent : « Je me donne trois mois, si ça ne marche pas, je change, et c'est terminé ! » C'est la marque d'un enjeu peu élevé, qui ne mobilise que momentanément les énergies et la volonté. Si votre véritable enjeu est d'être coach, de réussir dans ce métier, de vouloir y faire quelque chose, d'y laisser votre marque, d'inventer un outil de coaching qui n'existe pas encore, d'écrire un livre ou autre, vous serez emporté par l'impulsion que vous donnerez à votre activité.

Un coach débutant peut avoir l'intention d'exercer plus tard une influence sur de grands dirigeants. Voilà un enjeu majeur digne d'intérêt ! Un autre coach peut se dire : « Moi, mon enjeu, c'est d'être suffisamment formé, de devenir perspicace, d'acquérir une puissance dans mon coaching pour pouvoir ensuite travailler avec des chefs d'entreprise et les sensibiliser à des questions d'humanisme, d'écologie, de développement durable. »

Quoi qu'elles puissent être, ces intentions générales sont ce que les Américains appellent un *« goal »*. Il n'existe pas de terme précis pour traduire ce mot en français. Nous pouvons parler de but, ou d'objectif majeur. Mais si le jeune coach a cela « au fond de ses tripes », s'il est habité par cette intention générale, il sera capable de se battre pour parvenir à ses fins. Il pourra se dire : « Cette année, j'avais programmé 45 000 €, je n'en ai fait que 28 000, mais ce n'est pas très grave et je ne vais pas abandonner pour si peu ; cela veut dire que je n'ai pas tout fait pour atteindre mes objectifs. Il suffit que j'examine ma façon de travailler et que je trouve quels étaient mes points faibles. Mais je ne me suis pas trompé sur le fond, et je ne vais pas changer. » Voilà pourquoi il est important d'être en accord avec la notion d'être, c'est-à-dire d'être soi-même jusque dans l'adversité. On le voit, le coaching peut être, par certains moments, un défi, un challenge qui requiert l'aptitude à se remettre parfois en question de manière intelligente sans bouleverser son intention fondamentale !

Cette dernière rubrique étant achevée, l'élaboration de l'étendard ne saurait être complète sans une ultime interrogation portant sur la manière avec laquelle vous allez le brandir. Cette question a pour effet de renforcer l'identité qu'il incarne. Maintenant que vous avez votre étendard et que vous pouvez le déployer en toute liberté, comment allez-vous vous y prendre pour que les autres le perçoivent et y adhèrent consciemment ou non ? C'est la hampe qui va structurer l'ensemble, verticaliser et renforcer votre identité, votre « je suis ». Si vous avez suivi ces étapes avec soin, vous allez vous rendre compte que le métier choisi de coach ne consiste pas à « faire le coach » ou à « avoir envie d'être coach ». Il consiste à « ÊTRE COACH ».

Percevez-vous ce qu'implique cette affirmation ? Votre étendard, tel que vous l'avez achevé, doit vous aider à élaborer votre propre histoire. Il doit même vous aider à mettre au point une identité visuelle, par exemple sous forme d'un logo qui peut être arboré sur vos cartes de visite, votre papier à entête et votre site Internet. Votre logo représentera avec fidélité qui vous êtes, ce que vous désirez que les gens perçoivent de vous. C'est la concrétisation moderne de la bannière/étendard médiéval, le point de départ capital qui impose l'espace de votre environnement et de votre identité.

Désormais, vous pouvez aller de l'avant.

EXERCICE 3

De même que le premier exercice, celui-ci est conçu pour vous aider à formuler une réponse claire à chaque concept. Installez-vous dans un endroit calme et prenez le temps de remplir chaque case. Vous n'êtes pas obligé de suivre l'ordre de ce tableau, étant donné que vos réflexions relatives à une question peuvent contribuer à enrichir une réponse dans une autre case. Vous pourrez parcourir une nouvelle fois cette liste un peu plus tard pour affiner vos réponses. Gardez ce tableau près de vous : il peut vous être utile en poursuivant la lecture du livre. Le but de cet exercice est de concevoir votre étendard de manière satisfaisante.

Concepts	Questions	Vos réflexions et commentaires
Je suis	Quelle identité puis-je librement assumer qui concorde avec mon projet ? Qu'est-ce qui constitue ma spécificité, mon originalité ?	
Mes points forts	Quels atouts suis-je capable de tirer de mon expérience ? Quels sont mes talents et mes compétences ?	
Mon regard sur le coaching	Qu'est-ce que le coaching pour moi ? Qu'est-ce que le coaching en général ? Pourquoi veux-je faire du coaching ?	
Mes efforts, mes envies, mes améliorations, mes désirs, mes rêves	Quel désir/besoin ai-je de la rencontre, des objectifs, de la réalisation, des résultats, des difficultés même, des défis et de l'enjeu, de contractualiser avec le client… du métier de coach ?	
Mon regard sur la vente	Quelle est ma perception de la vente ? Qu'est-ce que vendre ? Est-ce facile ? Est-ce difficile ?	
Mes intentions	Pourquoi fais-je cela, au fond ? Pourquoi je m'engage dans le coaching ?	
Mes enjeux	Quelle est ma motivation ? Quels sont mes enjeux personnels/professionnels ? Suis-je prêt à faire preuve de patience, de ténacité, de fidélité à mes buts ?	

EXERCICE 4

Maintenant, reprenez le schéma de votre étendard et écrivez dans les espaces appropriés le résumé des réponses que vous avez formulées dans le tableau que vous venez de remplir.

Vous pourrez, si vous le souhaitez, le redessiner, le compléter, l'imprimer, pour l'avoir en permanence avec vous.

Je suis

Mes points forts
- ....
- ....
- ....
- ....

Mon regard sur le coaching
- ....
- ....
- ....
- ....

Mes intentions
- ....
- ....
- ....
- ....

Mes efforts mes envies mes améliorations mes désirs mes rêves
- ....
- ....
- ....
- ....

Mon regard sur la vente
- ....
- ....
- ....
- ....

MES ENJEUX

Création de votre étendard personnel

Chapitre 3

Du rêve à la réalité : vos projets de vie et vos projets professionnels

« La seule chose que l'on est sûr de ne pas réussir est celle que l'on ne tente pas. »

Paul-Émile Victor

Il s'agit là de consolider le « terrain » dans lequel est planté votre étendard. Dès lors que vous êtes parvenu à savoir qui vous êtes, en tant que coach, vous avez franchi une étape majeure. Il vous reste encore beaucoup à faire avant de vous lancer dans votre entreprise. L'étape suivante consiste à vous rapprocher encore plus près de votre but. Vous allez apprendre à vous organiser pour concrétiser avec succès vos ambitions. Aucune réalisation, grande ou petite, ne s'est développée ni n'a prospéré sans des fondations solides et stables.

Votre projet étant validé, comment allez-vous vous y prendre pour aller de l'avant et jeter les bases de votre organisation ? La première des fondations réside en une préparation mentale, avant une préparation matérielle.

Vouloir passer du rêve à la réalité n'est pas un objectif mineur. Ce chapitre est consacré au renforcement de votre motivation principale. Beaucoup d'autres aspects personnels et objectifs restent à explorer et à mettre en place.

« ÊTRE PRÊT »

« ÊTRE PRÊT » est une phrase mnémotechnique, courte et décisive qui englobe huit éléments scindés, organisés en acronymes. La première partie – ÊTRE – est relative à votre préparation subjective et mentale, la seconde – PRÊT – à votre préparation concrète et objective.

Ê	• État d'esprit	P	• Préparation
T	• Triompher de ses peurs	R	• Ressources
R	• Rationaliser	Ê	• Engagement/implication
E	• Envies/besoins	T	• Temps

Lorsque l'on se propose d'atteindre un objectif, la préparation est primordiale. Que l'on soit athlète, chanteur, astronaute, que l'on s'apprête à parler en public, à rencontrer un premier client, ou quoi que ce soit qui implique un engagement personnel, juste avant de se lancer à l'eau, on est assailli de sensations contradictoires, d'appréhensions irraisonnées, de doutes.

La première chose à clarifier est l'état de votre « ÊTRE ».

1. Ê-T-R-E

Cette partie vous permet d'avoir à l'esprit les quatre notions fondatrices suivantes.

État d'esprit

L'état dans lequel nous nous trouvons façonne notre existence. Le regard que nous posons sur notre environnement, sur les décisions que nous prenons et sur les actes que nous accomplissons soulève la question du libre arbitre.

Il est possible de changer l'état d'esprit dans lequel nous sommes. Vous en êtes capable et vous pouvez modifier de manière positive votre point de vue. Lorsque les enjeux sont importants, donnez-vous la possibilité d'explorer le plus largement possible les différents contextes pour jouir d'une plus grande liberté de pensée et d'action. Vous allez constater que ce qui vous paraissait rebutant, inhibant ou angoissant finit par se révéler moins dramatique et par demander moins d'effort qu'il n'y paraissait au premier abord. Nous envisageons la rencontre avec ce client, nous entrevoyons ce travail à faire ou considérons l'issue d'un projet en fonction de l'idée que nous nous faisons de nous-mêmes. Nous le faisons aussi en fonction du plaisir ou du déplaisir que nous avons à accomplir les tâches qui nous incombent et de la perspective que nous procurent nos buts. Nous aurons toujours des moments difficiles à traverser, des responsabilités à assumer, des préoccupations harassantes, des clients charmants ou détestables que nous ne pourrons éviter... La question est de savoir comment nous allons nous comporter face à ces obligations. Quel point de vue adoptons-nous face aux petites et grandes « misères » inévitables de notre profession ? Il se peut que la clé de la réussite, tout du moins de la tranquillité d'esprit et de la sécurité, réside dans le point de vue avec lequel nous considérons notre existence, notre quotidien et les lendemains qui se succèdent.

Triompher de ses peurs

Cette rubrique incite à traiter des émotions irrationnelles que vous aurez peut-être décelées et qu'il serait bon de regarder en face.

Vos peurs risquent de bloquer votre progression, des émotions négatives peuvent brider votre intention initiale. Certaines d'entre elles agissent comme un frein dans l'avancée de vos objectifs. Elles se transforment en handicaps qu'il convient d'examiner, car elles influencent votre conduite et contribuent à adopter des comportements non optimums dans votre approche.

Les questions sont : « De quoi ai-je peur (ou pourrais-je avoir peur) ? », « Quelles sont les craintes que je peux avoir ? ». À quel point ces sentiments négatifs ont-ils une emprise sur vous et sur votre désir de réussir ? Avez-vous essayé d'analyser cela ? Est-il possible que la perspective de changer de métier vous immobilise, bien que vous soyez intéressé par cette idée ? Le fait de devenir coach représente-t-il une si grande inconnue que vous avez le sentiment de vous trouver au bord d'une falaise ? Le changement vous effraie-t-il ? Est-ce autre chose ? Craignez-vous de perdre de l'argent ? de vous engager dans une activité sans y trouver la même sécurité qu'avant ? Avez-vous peur des gens ?

En parvenant à mettre cela au jour, en couchant sur le papier ce que vous ressentez, les choses deviendront plus claires et vous serez à même de prendre le recul nécessaire pour les résoudre. Il arrive souvent, lorsque vient le moment de prendre une décision importante, que se mêlent des sentiments confus et contradictoires. C'est assez courant : le désir de faire se mêle à l'appréhension. On se dit : « J'ai envie, mais j'ai peur… » Essayez d'analyser de quoi sont faites vos craintes. Est-ce la peur d'échouer ? d'être ridicule ? de ne pas être à la hauteur ? que l'on se moque de vous ? Dès que vous réussirez à faire face à cela, vous verrez que ces émotions perdront de leur emprise sur vous, et vous parviendrez à adopter une position de neutralité à leur égard, voire à les surmonter. Le fait de donner un nom à nos peurs nous permet de changer de regard sur les choses qui nous tracassent ou qui nous hantent. Celui qui arrive à identifier ses peurs aura progressé d'un grand pas dans le contrôle de lui-même et en direction de l'objectif général qu'il s'est donné au départ. Nous vous invitons à regarder vos craintes dans le blanc des yeux et à rédiger comment elles s'interposent entre vous et vos buts, sans quoi elles continueront à vous manipuler contre votre gré. Alors, l'enthousiasme initial que vous éprouviez ne sera plus qu'un rêve oublié.

Rationaliser

Rendre rationnelles ses pensées et ses émotions fait donc suite aux émotions négatives et à l'état d'esprit.

En débutant dans le coaching, on devrait s'avouer, si tel est le cas : « Bon ! C'est vrai, j'ai peur de ne pas être compétent. » Rationaliser consisterait alors à se dire : « Après tout, c'est normal, puisque je n'ai pas suivi de formation dans la prise de contact avec les nouveaux clients et dans la négociation. Cette crainte, que j'ai réussie à formuler, je vais apprendre à la maîtriser. Je vais tenter de voir comment je peux transformer cet handicap émotionnel en une ressource positive qui me sera un atout pour réussir. » Rationaliser ses craintes, c'est factualiser les informations contextuelles, c'est commencer à les résoudre en cernant et en exploitant ses moindres faiblesses pour laisser place à une force d'action concrète.

Envies/besoins

L'analyse de vos envies et de vos besoins est une étape essentielle dans l'expression de votre attitude.

Elle fait, elle aussi, appel à votre propre intégrité envers vous-même. Arrivé où vous en êtes, il devient souhaitable d'examiner comment vous êtes en train de vous engager dans le processus de création de votre métier. Cette notion d'engagement est primordiale. En y regardant de plus près, vous pouvez constater qu'elle englobe une combinaison équilibrée de deux aspects distincts et spécifiques : vos envies et vos besoins. C'est un peu la trame dont est faite la vie. On a envie de… On a besoin de… « J'ai à la fois envie de… et besoin de… », pourriez-vous vous dire. « Comment est-ce que je m'engage dans la perspective du coaching ? », « Ai-je besoin de ce métier ? Oui, j'en ai besoin, bien que je n'aie pas du tout envie de devenir coach… ». Si tel est le cas, il est évident que vous allez au-devant de grandes difficultés. « Ai-je envie de faire ce métier, bien que je n'en aie pas besoin ? »

Ces interrogations soulèvent une fois de plus la question de la liberté de choix ! Après réflexion, il arrive que des débutants finissent par reconnaître que leur manière d'aborder leur activité n'est pas adaptée à la réalité ou à leurs envies. Leur attitude mentale leur fait entrevoir le coaching « au petit bonheur la chance », et ils réalisent qu'en fin de compte ils n'envisageaient de ne s'y investir que partiellement… En ce cas, l'enjeu n'est pas assez élevé pour qu'ils soient prêts à soulever des montagnes ! Certains pensent : « Je n'ai pas vraiment besoin de ce métier, et puis, tout bien considéré, je n'en ai pas envie, donc je ne vais pas l'exercer. » Voilà qui a le mérite d'être clair. D'autres se diront : « J'en ai envie parce que cela m'attire, parce que je vais être bon, que je peux porter ma pierre à l'édifice et c'est avec cela que je vais réussir ma vie. J'en ai besoin parce que je suis dans une période de transition professionnelle et que je choisis cette voie-là. » C'est tout aussi limpide. D'autres, enfin, peuvent penser : « J'ai besoin de réussir dans ce métier pour continuer à gagner ma vie, élever mes enfants et payer mes charges. » Ce peut être aussi simple que cela. L'exercice présent en fin de chapitre illustre cette démonstration. Il doit vous aider à valider, préciser vos envies et vos besoins. Vous constaterez que les nécessités et les souhaits s'associent (ou pas) de diverses manières, donnant lieu à quatre combinaisons possibles. L'exercice vous permettra de clarifier ces critères.

Ces quatre concepts constituent les ingrédients de votre état d'ÊTRE. On ne peut vraiment être prêt à assumer une tâche, à remplir une mission ou à réaliser un objectif sans la présence et la résolution de ces quatre ingrédients. Avant d'être « P-R-Ê-T », il faut « Ê-T-R-E ».

2. P-R-Ê-T

Cette seconde partie aborde quatre autres notions fondatrices. Tout d'abord la « préparation » proprement dite : comment allez-vous envisager le démarrage de votre activité en étant certain de ne rien oublier ? Les « ressources » constituent l'étape suivante : vous allez recenser tous les moyens dont vous disposez pour lancer votre entreprise. Ensuite, vous aborderez l'énergie nécessaire à votre « engagement/implication ». Enfin, la notion de « temps » s'imposera, il vous faudra réfléchir au planning et au rétroplanning détaillé de votre démarrage.

Préparation

Pour être PRÊT à passer à l'action et démarrer votre nouvelle activité, vous devez connaître ce qui vous est utile d'avoir et de faire.

Les principales phases d'une préparation dépendent de chaque individu, mais il vous faudra détailler de nombreux facteurs avec une grande précision. Sans vouloir dresser une liste exhaustive, nous pouvons recenser les informations indispensables sous forme de questions.

Comme vous pouvez le constater, cela est très proche d'une véritable préparation stratégique ! Si vous maîtrisez parfaitement le sens de votre engagement et avez procédé à la clarification de vos appréhensions, cette phase préparatoire indispensable ne devrait pas vous causer de difficultés majeures. Elle requiert un esprit ordonné et de la prévoyance. Vous devrez dresser une sorte de « check-list », l'enrichir et l'annoter au fur et à mesure que chaque condition est remplie. Cette liste sera incorporée dans votre dossier de préparation.

Comment vais-je mettre mon projet en forme ?

Comment se trouve le marché ? De quoi est-il constitué ?

Aurai-je besoin d'un plan marketing ? Comment l'élaborer de manière à n'oublier aucun élément capital ?

Ai-je besoin d'autorisations préalables à mon installation ?

Où dois-je m'inscrire ?

De quels documents aurai-je besoin ?

Comment seront mes cartes de visite ?

Comment parfaire ma présentation ?

Quelle liste de personnes susceptibles d'être intéressées puis-je dresser ?

Quelles sont celles que je souhaite rencontrer tout de suite et celles que je préfère contacter plus tard ?

Ressources

Ce critère fait logiquement suite à l'élaboration de votre check-list de préparation répondant à l'expression de vos besoins.

Il peut contribuer également à satisfaire vos envies puisqu'elles sont partie intégrante de votre projet ! Lorsque l'on considère avec attention le démarrage d'une nouvelle activité, se présente toujours le moment où l'on se met en quête de ressources utiles et exploitables. Quelles peuvent-elles être ? Le dictionnaire *Le Robert* nous apprend que le mot « ressource » a plusieurs sens : 1) « *Moyens matériels (hommes, réserves d'énergie) dont dispose ou peut disposer une collectivité* », et 2) « *Les forces de l'esprit, du caractère, les possibilités d'action qui peuvent être mises en œuvre le cas échéant* ». Vous l'avez compris, la « collectivité » dont parle *Le Robert*, c'est vous avec vos besoins propres !

Cette étude incite à une recherche approfondie des moyens susceptibles de vous aider à satisfaire les besoins recensés dans l'étape de votre préparation. Vos amis, vos relations professionnelles, le cabinet où vous allez choisir de vous installer, la chambre de commerce et d'industrie, les réseaux d'affaires, votre banque, etc. entrent dans la première définition du mot « ressource ». Tandis que la lecture de ce livre et les exercices qui y sont prescrits, les autres ouvrages didactiques (guides, manuels de référence), votre attitude mentale, votre enthousiasme, le savoir-faire que vous êtes amené à développer pour « rectifier le tir » dans le processus de votre installation, les buts que vous vous fixez, etc. entrent dans le contexte de la seconde définition. Nous vous recommandons, à nouveau, de dresser une « check-list » sur laquelle vous indiquerez toutes les ressources connues que vous estimez utiles. Vous y ajouterez celles que vous ne connaissez pas encore, mais dont vous allez avoir besoin. « De quelles ressources puis-je disposer ? J'ai mon réseau d'amis, deux ou trois coachs que je connais et puis j'ai une formation dans le domaine des relations publiques… Voyons, où sont mes notes à ce sujet ? »

Engagement/implication

Il importe ici de savoir avec quelle détermination vous vous engagez dans ce métier, comment vous allez vous y impliquer avec toutes vos compétences et toute votre énergie.

Avez-vous déterminé exactement ce qui vous attire vers l'entreprise que vous avez en tête et ce que vous y cherchez ? Là se trouvent les clés de la motivation. Le fait de déceler ces éléments, de les formuler et de les coucher sur le papier vous permettra de vous sentir « engagé » avec eux, de manière puissante. Cela doit vous aider à rester cohérent en augmentant de manière considérable votre confiance en vous. Les décisions que vous avez prises et qu'il vous reste à prendre vous sont personnelles. Elles vous appartiennent. La seule personne qui en répondra, c'est vous. Vos choix répondent à vos besoins, à vos envies, à vos valeurs, à votre engagement et à votre implication, etc. ; ils sont le moteur de votre motivation générale. Bien discernés, ils vous aideront à donner un sens à votre projet, à votre vie, à imaginer précisément votre futur et à renforcer vos objectifs. Vous exercerez votre jugement et votre intuition pour élaborer des solutions positives et déterminantes allant dans le sens de votre décision. Il se peut, ce faisant, que vous vous découvriez des atouts personnels insoupçonnés, des intérêts nouveaux concernant ce que vous savez faire, ce que vous aimez faire, ou encore ce que vous êtes.

Temps

Cette partie est sans doute la plus simple. « Nous sommes aujourd'hui le 5 janvier, je souhaite être opérationnel le 15 mars… Est-ce réaliste ? Qu'aurai-je à faire comme préparatifs ? »

Le meilleur moyen d'élaborer un programme d'opérations à réaliser en un temps délimité est d'employer un planning inversé. Une fois l'échéance fixée, vous remontez jusqu'au temps présent, en déterminant les étapes intermédiaires et en estimant le temps que peut prendre chacune d'entre elles. Vous aurez besoin de dresser un planning sur papier ou à l'aide d'un logiciel sur votre ordinateur, éventuellement couplé à un système de rappels. Ce faisant, votre projet sera en train de devenir réel. Dans la mesure du possible, n'attendez pas qu'une étape soit achevée pour passer à la suivante. Vous pouvez, en effet, faire avancer plusieurs cibles en même temps si elles ne dépendent pas l'une de l'autre. Vous devrez peut-être apprendre, en outre, à « décoincer » certaines cibles qui n'avancent pas. Essayez de trouver la raison pour laquelle vous n'arrivez pas à obtenir, par exemple, telle autorisation. À quelle ressource pouvez-vous faire appel pour surmonter cet obstacle ? Manquez-vous d'informations ? Où les trouver ?, etc.

Vous avez peut-être constaté, une fois encore, que toutes ces différentes parties s'enchaînent selon un processus logique. Le but de ces réflexions n'est pas de vous plier à un énième exercice d'intériorisation mentale. Au contraire, en suivant ces étapes pas à pas et en répondant à vos questions, vous devriez être à même de dégager des idées claires, susceptibles de vous amener à prendre vos décisions en toute connaissance de cause et avec le minimum d'incertitude. Il se peut que différentes motivations complémentaires vous animent. Peut-être souhaitez-vous relever un défi que vous vous êtes donné ? Vous savez que rien ne vous oblige à exercer ce métier, mais l'existence est jalonnée de buts désirables et d'obstacles qui valent la peine d'être surmontés. C'est intéressant de le découvrir.

EXERCICE 5

Ce tableau constitue pour vous plus qu'un exercice. Il s'agit d'un guide à suivre pas à pas afin de progresser vers la réalisation de votre objectif final : l'installation et le démarrage de votre activité.

	ÊTRE – PRÊT	Vos réflexions et commentaires
Ê	**État d'esprit** Quels sont les sentiments qui m'habitent par rapport au coaching ?	
T	**Triompher de ses peurs** De quoi ai-je peur ?	
R	**Rationaliser** Comment transformer mes craintes en certitudes ?	
E	**Envies/besoins** Quels sont mes envies et mes besoins ?	Mes envies + Mes envies – Mes besoins + Mes besoins –

P	**Préparation** Quelles sont les principales phases de ma préparation ?	
R	**Ressources** Quelles peuvent être les ressources utiles, connues et à découvrir ?	
Ê	**Engagement/implication** Quels sont mes leviers, mes ancrages, ma détermination ?	
T	**Temps** Quelles sont les étapes principales de mon planning inversé ?	

Chapitre 4

Votre histoire est unique. Racontez-la !

« - Quel est le grand dragon que l'esprit ne veut plus appeler ni Dieu ni maître ? "Tu dois" s'appelle le grand dragon. Mais l'esprit du lion dit : "Je veux." »

Friedrich Nietzsche

Vous allez apprendre, dans ce chapitre, à parfaire votre présentation. Vous en rédigerez soigneusement le texte, jusqu'à ce que vous en maîtrisiez le contenu et la trame. Cette technique de « *storytelling* », répandue dans le domaine de la stratégie, du marketing et de la communication des entreprises, est utilisée dans les organisations qui connaissent un grand développement.

On dit que lorsqu'un scénariste est capable de résumer en deux ou trois phrases le sujet de son film, cela prouve qu'il en maîtrise l'histoire. Ce pourrait être aussi votre cas. Mais quelle histoire ? la vôtre. Écrire son histoire semble avoir un étonnant effet régénérateur. Le fait de vous consacrer à cet acte vous en apprend plus sur vous-même que ce à quoi vous pourriez vous attendre. Quelle en est la raison ? Cela vous aide à savoir comment vous vous voyez et, ce faisant, à découvrir comment on vous voit.

L'art de la transmission des idées repose sur le pouvoir de la conviction. Mais avant de transmettre une idée, il est essentiel de la posséder, de l'habiter, qu'elle vibre en votre être. Ce pouvoir de communication, personne ne devrait le négliger. La « communication narrative » (aussi appelée *« pitch »*) à laquelle appartient cette technique est si puissante qu'elle est capable de modeler sa propre conviction et de faire naître chez son interlocuteur son adhésion aux idées ainsi exprimées.

La présentation que vous êtes invité à faire ici consiste à raconter une ou plusieurs histoires dotées de ce pouvoir de séduction. L'attrait, l'éveil de la curiosité reposent sur le principe du savant mélange entre les émotions et les informations. Comme le dit l'adage : « Pour parler à la tête, il faut souvent d'abord parler au cœur. »

COMMENT VOUS VOYEZ VOUS ?

COMMENT LES AUTRES VOUS VOIENT-ILS ?

Nous avons tous une histoire à raconter. Celle de notre vie, de nos passions, de nos rêves, de nos ambitions. L'intérêt de s'engager dans ce travail rédactionnel est multiple. Il permet de révéler à nous-mêmes de quoi nous sommes faits, de découvrir ce qui anime notre vie et ce qui nous motive dans notre travail. Une telle rédaction contribue à renforcer notre propre identité autour de nous, et donne de la force et de l'épaisseur à notre personnalité. L'univers qui nous entoure, la société telle qu'elle est ne sont pas toujours tendres envers nous-mêmes. Nous essuyons des rebuffades, nous nous heurtons à des obstacles sur le chemin de nos projets. Mais aux déceptions et aux désillusions se mêlent aussi des satisfactions d'avoir réussi telle entreprise, des moments de fierté et des sentiments de victoire. Nous sommes plongés dans une lutte constante pour atteindre nos buts, nous menons un combat agrémenté de hauts et de bas, de remises en question et de certitudes, de virages et de lignes droites. En prenant du recul, ce qui n'est pas facile à faire dans le feu de l'action ou dans l'introspection, nous pouvons déceler la présence d'une trame qui se dégage dans tous les efforts que nous consacrons à nos buts. C'est comme si une énergie constante nous accompagnait dans la recherche de l'idéal que nous poursuivons, de manière formelle ou intuitive. Voilà le cœur de nos luttes qui donne un sens à la vie. Nous sommes motivés par la volonté de surmonter des obstacles plus ou moins connus. Nous pouvons nous dire : « Voilà mes buts, voilà où j'en suis et pourquoi je me bats ! »

Réfléchissez à l'histoire que vous allez raconter. C'est une histoire unique : la vôtre. Demandez-vous quel type de coach vous êtes réellement.

> Qu'est-ce qui fait votre spécificité ?
> D'où venez-vous ?
> Pourquoi voulez-vous faire du coaching ?

Ce que vous rédigerez sera ce que vous avez vécu ; ce n'est pas une présentation de vous-même destinée à ce que l'on pense du bien de vous. C'est le parcours réel que vous avez suivi et qui va vous faire devenir coach.

Au fil de votre rédaction, vous pénétrerez de plus en plus dans votre peau de futur coach, dans le cœur de vos motivations. Si vous êtes capable de raconter votre histoire à n'importe qui, d'expliquer pourquoi vous êtes coach, en quoi consiste votre métier, en quoi vous êtes un bon coach, combien vous êtes capable de vous vendre, vous aurez atteint le but de l'exercice. Après avoir travaillé, dans les chapitres précédents, sur la valeur de la « boîte de céréales » que vous voulez offrir, vous travaillez maintenant sur le contenu de la boîte. Comment sont ces céréales ? Quel goût ont-elles ? Sont-elles nature, chocolatées, fruitées… ? La prise de conscience de toute l'expérience que vous avez aujourd'hui agira comme une opération structurante, donnant une grande cohérence à votre identité qui se révèle autant dans le contenu que dans le contenant.

Trouvez une personne de confiance à qui faire lire votre texte. Une personne qui ne portera pas de jugement de valeur négatif, mais qui saura apprécier votre rédaction. Engagez-vous auprès d'elle et promettez-lui de lui remettre votre rédaction. Votre histoire peut commencer depuis la fin de votre adolescence, et se déroulera jusqu'à aujourd'hui. L'objectif est de découvrir la richesse de votre expérience, de vous rendre compte avec un œil nouveau de ce par quoi vous êtes passé dans l'existence et de mieux comprendre ce que vous vendez. Par exemple, vous pouvez commencer en écrivant : « Mon père était militaire, nous avons beaucoup déménagé. Le changement, je connais, je suis assez disposé à accompagner le changement chez les gens. Mon expérience dans la vie a consisté à changer très souvent de domicile, j'ai appris à m'adapter à diverses situations, à trouver des solutions rapidement, et cela a un rapport avec ce que je me propose de faire. » Que vend un coach, en somme ? Une capacité à exploiter un savoir personnel enrichi au fil de ses propres expériences, à le transformer, à l'associer, à le combiner avec une situation qu'il découvre chez les clients qu'il doit accompagner, dans le respect d'une procédure déontologique. Cela peut être aussi simple que cela.

Pour rédiger son histoire, il faut se fonder sur ses expériences vécues, décrire ses envies, ses passions, ses projets. Il ne s'agit pas de dire : « J'ai fait ça, puis ça… », de dérouler son CV sur le papier. Cela reviendrait à écrire une lettre de motivation pour la recherche d'un emploi. Raconter votre histoire, de manière cohérente, avec votre style, donne une dimension nouvelle à votre « moi ». En vous mettant à l'ouvrage, il se peut que vous éprouviez quelques émotions. C'est que vous reprenez contact avec des souvenirs anciens et refoulés, ou que vous touchez du doigt des buts qui vous tiennent à cœur. Votre personnalité commence à se mettre au jour au fur et à mesure que vous partez à la découverte de vous-même. Des coachs débutants qui se sont prêtés à cette rédaction ont avoué découvrir qu'ils étaient, pour la première fois, un produit et qu'ils se sentaient enfin capables d'en faire une présentation claire et objective. D'autres ont affirmé pouvoir se présenter sans difficulté devant les gens et avoir une idée précise de la manière de concevoir leur plaquette de présentation.

En ayant validé ce qui est important pour eux, ils ont accepté le fait d'« être » un « produit ». Ils savent dorénavant ce qu'ils ont à vendre, ce qu'ils font, et connaissent bien ce qui, chez eux, est différent des autres. D'autres encore ont affirmé avoir le sentiment d'un « avant » et d'un « après » l'histoire. Avant l'histoire, la coquille était comme vide ou en « désordre », ce qu'il y avait dedans n'étant pas exprimé ou étant non exploité. En entamant ce processus de rédaction, ils ont eu l'impression de s'incarner en eux-mêmes, d'« acquérir » une identité qui était la leur. L'objectif de ce procédé est de vous approprier votre histoire, qui deviendra votre « légende » personnelle. Après avoir rédigé votre première version, laissez-la reposer. Quelques jours plus tard, vous y mettrez de l'ordre et parviendrez à un rédigé clair et limpide. Une dizaine de pages ou la moitié devrait suffire à ce texte… Lorsque vous êtes satisfait, donnez-le à lire, puis ajoutez-le à votre dossier préparatoire.

EXERCICE 6

Voici d'abord quelques questions destinées à faire le point sur vous en tant que « coach/produit ». Ces éléments vont vous préparer à écrire votre histoire. Les questions suivantes mettent l'accent sur la nécessité d'être en même temps celui ou celle qui vend un concept technique, un produit et une réponse à un besoin. Elles soulèvent particulièrement la notion du « faire » et de l'« être », c'est-à-dire « être le produit ».

Les étapes de mon histoire	Mon rédigé
Qu'est-ce que je veux dire de moi, comment parler de « moi » ?	
Qui est ce « moi » que je suis prêt à vendre ?	
Quels sont les paramètres importants qui m'attirent dans ce métier ?	
Qu'est-ce qui fait la différence entre moi et les autres coachs ?	
Quelles sont mes spécificités ? (En fournir au moins 3.)	1. 2. 3.
Quels sont mes compétences, mes talents qui me permettront de répondre au besoin des clients, des entreprises ?	
Qu'est-ce qui, chez moi, donnera l'envie de m'acheter ?	
Quel est mon style de coaching ?	
Dans cette activité pour laquelle je suis motivé, qu'est-ce qui est lié à mes projets de vie ?	

Les étapes de mon histoire	Mon rédigé
Qu'est-ce qui m'inspire globalement ?	
Qu'est-ce que je veux apporter à cette activité ?	
Comment ?	
Qu'est-ce qui est génial pour moi, acceptable dans cette activité ?	
Qu'est-ce qui ne l'est pas forcément, mais qui m'attire néanmoins ?	
Quels sont mes limites, mes freins, mes peurs ?	
Quel coach suis-je ?	
Quel produit suis-je ?	
Autres questions.	

EXERCICE 7

Parcourez le tableau ci-après et prenez des notes au sujet des différentes parties de l'histoire personnelle que vous allez écrire. Il se peut qu'en lisant les suggestions indiquées vous estimiez qu'il manque des éléments qui vous paraissent importants, et que d'autres, présents, ne le sont pas. Ce ne sont que des idées destinées à vous guider dans le fil de votre rédaction. Prenez le temps nécessaire pour rassembler les événements dignes d'intérêt que vous avez vécus. Ces événements constituent une trame dont le fil vous a conduit là où vous en êtes aujourd'hui. Quand vous aurez fini votre rédaction, revoyez l'ensemble à tête reposée, faites les modifications nécessaires, puis remettez votre histoire finale à une personne de confiance et demandez-lui de la lire. Enfin, conservez votre rédaction dans votre dossier personnel.

Suggestions	Mon histoire
D'où venez-vous ? Qui étaient vos parents et que faisaient-ils ? Quel est votre parcours ?	
Quelles expériences humaines et professionnelles vous ont marqué ? Pourquoi ? Comment ?	
Qu'aimez-vous dans la vie, chez les gens ? Quels sont vos centres d'intérêt ?	
Pourquoi voulez-vous faire du coaching ? Qu'est-ce qui vous plaît dans cette activité ? Qu'est-ce qui vous a amené aujourd'hui à devenir coach ? Qu'aimeriez-vous apporter dans la société grâce au coaching ?	
Qu'est-ce qui vous habite depuis longtemps ? Qu'essayez-vous de faire pour tenter d'atteindre vos buts ?	
Quel type de coach êtes-vous véritablement ? Qu'est-ce qui fait votre force ? Quels sont vos atouts ? En quoi êtes-vous un bon coach ?	

EXERCICE 8

Nous arrivons maintenant à votre présentation. Prenez quelques minutes, après avoir effectué les exercices 6 et 7. Rédigez votre présentation en tenant compte de vos analyses et des réponses précédentes que vous avez données. N'oubliez pas : votre présentation doit être une histoire qui reprend les principales étapes de votre parcours personnel et professionnel, et doit être adaptée à votre marché. Elle doit intégrer la notion de produit, et être spécifique pour votre client et les autres interlocuteurs que vous serez amené à rencontrer... Parlez au cœur et à la tête !!!

Mon histoire/ma présentation de coach
–
–
–
–
–
–
–
–
–
–
–
–
–
–
–
–
–

Partie II

Atteindre la performance commerciale

« Un gagnant est une personne qui a identifié ses talents, a travaillé avec acharnement pour les développer, et a utilisé lesdites capacités afin d'accomplir ses objectifs. »

Larry Bird

Chapitre 1

Se vendre ou se faire acheter ? Une question de posture

« *Si vous avez confiance en vous-même, vous inspirerez
confiance aux autres.* »

Johann Wolfgang von Goethe

La différence entre l'idée – souvent décalée – que l'on peut se
faire de la vente et la réalité de la négociation dans le domaine
de la prestation de services peut être très grande. Ce sujet a été
évoqué dans la partie consacrée à l'étendard, sous la rubrique
« Mon regard sur la vente ». Tôt ou tard, il est nécessaire
d'opérer la mutation grâce à laquelle vous pourrez estimer avec
plus de justesse comment vendre vos services. Cela vous aidera
à vous approprier les conditions de votre nouveau métier et
celles de votre marché. Il vous sera plus facile alors de percevoir
la différence qui sépare deux modes d'opération : se vendre ou
se faire acheter.

Quels que soient le ou les métiers que vous avez exercés dans
le passé, vous avez noué des contacts et entretenu des relations
avec des personnes appartenant à diverses classes socioprofes-

sionnelles. Il vous est certainement arrivé, en outre, d'avoir été un peu coach, d'une manière ou d'une autre. Chacun d'entre nous a offert son assistance à une ou deux personnes de son entourage au cours de son existence. Même si l'aide ou les conseils que vous avez prodigués n'entraient pas dans la catégorie du coaching proprement dit, cela se résumait un tant soit peu à écouter la personne et à la guider… Vous vous trouviez impliqué dans un processus assimilable, de loin ou de près, à celui du coaching. Cela explique en partie pourquoi les personnes qui sont attirées par le coaching comparent aisément cette activité à de l'aide, et trouvent que le coaching est une activité facile et agréable.

Se séduire soi-même avant de pouvoir séduire

Les formations suivies par les futurs coachs dans l'apprentissage de ce métier les incitent à développer une posture, une position et un état d'esprit appropriés. Ces formations les conduisent à acquérir des outils précis et une méthodologie professionnelle. Hormis la question du contenu pédagogique, celle de la compétence personnelle ne se pose presque jamais car il s'avère qu'elle existe déjà chez les débutants, même s'ils sont les derniers à le reconnaître. Ils se disent pourtant : « Je l'ai déjà fait, je sais le faire et j'aime ça : accompagner des gens qui se trouvent dans une période de transition délicate. » Les futurs coachs sont donc rassurés sur le fait d'être en mesure d'accompagner d'autres personnes, de pouvoir agir efficacement avec elles. Bien évidemment, les cycles de formations suivies dans les écoles de coaching contribuent à renforcer ce potentiel.

Quelquefois, des jeunes coachs, qui préparent un rendez-vous d'affaires, sont persuadés que leur apparence et leur sociabilité, leur bagage universitaire et l'« effet réseau » parleront à leur avantage et fermeront la porte à la concurrence. Ils se disent : « Je lui montrerai quelle école j'ai faite, ça va aller, j'ai telle expérience, je suis certifié par tel institut de coaching. » Ils se méprennent. En effet, que faites-vous quand vous souhaitez acheter un service ou un produit dont vous avez besoin ? Quels sont vos critères de jugement et de décision, excepté le prix ? Après avoir comparé les différentes offres du marché, vous choisirez la personne qui peut vous montrer ce qu'elle est capable de faire ou ce que peut vous apporter le produit qu'elle vend.

Lorsqu'à votre tour, vous vous trouvez devant un acheteur potentiel, que vendez-vous ? vos compétences ou votre personnalité ? Une entreprise ne se décidera envers votre offre qu'en fonction d'une seule et unique chose : **vos compétences**. Bien sûr, elle fondera son choix sur la manière dont vous vous présentez, sur votre capacité de séduction personnelle. La qualité de votre communication influence la manière dont on vous écoutera, mais ce n'est pas cela que l'on achète ; ce qui décide à accepter une offre ou à la refuser, c'est une compétence.

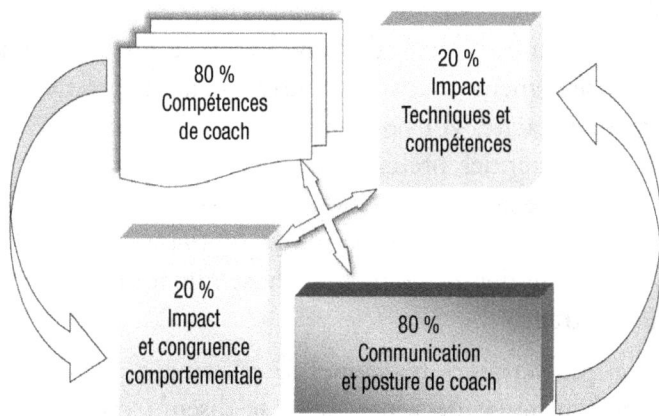

Votre prospect achète d'abord des compétences[1]

---

1. Voir, par exemple, les 11 compétences ICF – www.coachfederation.fr/content/blogcategory/22/26/.

Ainsi, la décision positive du client, son acte d'achat repose à 80 % sur les compétences du coach, les 20 % restants étant tributaires de sa personnalité. Nous savons aussi qu'en retour, 80 % de sa personnalité (communication, capacité à être dans la relation) contribue à mettre en valeur ses compétences.

Ne cherchez pas à faire « le coach » : soyez coach !

Dans l'approche commerciale, cette erreur est commune. Certains coachs débutants sont impatients et veulent faire « le coach » : ils veulent démontrer qu'ils sont capables et compétents. Mais en faisant « le coach », ils sont tout sauf coachs ; ils sont surtout « le commercial » qui veut un contrat. Tout réside dans la manière de se positionner. Dans la vente de ce métier, le meilleur positionnement est atteint lorsque le client ressent et est convaincu qu'il a affaire à un coach. Cela paraît trop simple, et ça l'est ! Il s'agit simplement d'être coach et de susciter en l'autre l'envie de travailler avec vous. En étant coach, et seulement cela, vous pourrez mener l'entretien avec aisance et efficacité. Vous ne craindrez pas de montrer à votre client votre potentiel, prêtez-lui simplement toute votre attention. Si vous ne faites que démontrer, alors que vous êtes dans une position de vendeur, vous n'êtes pas coach. Vous êtes un vendeur qui ne démontre qu'une chose : qu'il sait vendre ou pas un contrat.

Il arrive que certaines personnes se retiennent d'être coachs pendant l'entretien de vente. Elles se disent : « Tant que le contrat n'est pas signé, je ne peux pas commencer à faire travailler mon prospect. » C'est une erreur magistrale. Il n'y a aucun danger à être coach, à assumer de l'être et à écouter dans cette posture son futur client, alors que les termes du contrat n'ont pas encore été abordés. En commençant ainsi, vous aurez spontanément les réflexes de votre métier et vous poserez des questions de coach, pas des questions de vendeur. Une question de coach, c'est une interrogation pertinente qui fera réfléchir votre interlocuteur à bon escient. Dans le coaching comme dans tout autre domaine, un des secrets de la vente est d'oublier le contrat pendant la négociation, pour se centrer uniquement sur les besoins du client. Oubliez le contrat pour vous libérer mentalement et vous centrer sur la personne, sur ses principales motivations et sur sa problématique, c'est tout ! En agissant ainsi, vous adopterez de manière naturelle et convaincante la bonne posture. Comme le dit le célèbre mathématicien, physicien et philosophe du XVIIe siècle Blaise Pascal : « *Qui que ce soit qu'on veuille persuader, il faut avoir égard à la personne dont il faut connaître l'esprit et le cœur, quels principes elle accorde, quelles choses elle aime, et ensuite remarquer dans l'objet dont il s'agit quels rapports il a avec ses principes et ses goûts. De sorte que l'art de persuader consiste autant en celui d'agréer qu'en celui de convaincre.* »

Pour conclure sur ce thème, on peut affirmer que le coach qui cherche à tout prix à montrer sa connaissance technique et qui oriente l'entretien sur la démonstration d'outils et autres hypothèses risque de se diriger dans une impasse. Il brûle les étapes en allant trop tôt dans le domaine du faire (technique). De fait, il peut s'éloigner de la relation et de la compréhension des besoins de son client, et des outils qu'il veut utiliser (écoute, questionnement, reformulation…). À l'opposé, si le coach parvient à révéler une « posture » de coach, qui sait mobiliser son écoute, son attention avec intention vers son client au-delà du contrat, alors son prospect appréciera le fait qu'il n'a pas devant lui un vendeur, mais un professionnel aux qualités et aux compétences attendues. Telle est la différence entre « faire le coach » et « être coach ».

Le modèle « SIC-SIC »

L'univers de la négociation fourmille de modèles d'action dont les formules mnémotechniques sont comparables à celle que nous avons exposée dans la partie I. Il y a, par exemple : « BESOIN », « SONCAS », « PICASSO », « SABONE », « AIDA », etc., aux résultats tout aussi performants les uns que les autres.

Nous vous proposons d'utiliser le modèle « SIC-SIC » pour identifier les principales motivations de votre futur client. Afin d'être en mesure de répondre au « SIC-SIC » de votre client, équilibrez vos questions et vos réponses entre les motivations affectives et les motivations rationnelles. Avec cet outil, votre démonstration, la posture que vous adoptez, le produit, le service, vos idées, la pertinence de vos questions font comprendre, ressentir, percevoir à votre interlocuteur-client les bénéfices qu'il retirera de votre coopération. Cela contribue à le convaincre que votre proposition répond à ses besoins et à ses motivations réelles.

Vos caractéristiques « produits » (vos questions, le fait que vous témoigniez un intérêt sincère) ne se transformeront en avantages (en arguments) que si, et seulement si, elles répondent au besoin ou à la motivation du client. En vous appuyant sur le modèle « SIC-SIC », vous serez capable de construire une présentation efficace, mettant en valeur l'avantage que votre client va retirer du coaching que vous lui proposez.

N	**Motivations affectives**
O	Sentiment
U	Idéal
V	Considération
E	
A	**Motivations rationnelles**
U	Sécurité
T	Intérêt
É	Confort/commodité

Le modèle « SIC-SIC »

Le mot vertical formé à gauche : NOUVEAUTÉ

Les motivations affectives

Sentiment

Chez tout homme, c'est le désir :

* de faire plaisir ;
* d'apprécier et d'être apprécié ;
* d'estimer et d'être estimé ;
* d'aimer et d'être aimé.

Chez le client, c'est le désir :

* d'avoir affaire à un professionnel qui le reconnaît et l'estime ;
* de trouver de la chaleur humaine associée à un grand professionnalisme ;
* d'apprécier les relations qu'il entretient avec son coach.

Idéal

Chez tout homme, c'est le désir :

* d'avoir ses propres croyances ;
* de suivre ses idées.

Chez le client, c'est le désir :

* d'être sûr de s'adresser au coach qui répondra à ses aspirations ;
* de correspondre au client type et spécifique du coach que vous êtes ;
* d'être un rouage essentiel dans le développement de son entreprise ;
* d'avoir un rôle à jouer dans le positionnement de l'entreprise sur le plan national ou international.

Considération

Chez tout homme, c'est le désir :

* de puissance, d'être reconnu, d'être aimé, d'être accepté ;
* de s'élever, de paraître, et parfois de dominer.

Chez le client, c'est le désir :

- d'être valorisé, d'être reconnu, d'être aimé, d'être accepté ;
- d'être considéré comme un client important ;
- d'être sûr que vous connaissez personnellement son dossier.

Les motivations rationnelles

Sécurité

Chez tout homme, c'est le désir :

- de se protéger ;
- de se défendre.

Chez le client, c'est le désir :

- de s'adresser à un professionnel de confiance ;
- d'être rassuré par un contrat de confidentialité ;
- d'être certain que l'on s'occupe de lui avec compétence ;
- de pouvoir compter sur une réponse adaptée à ses besoins ;
- d'utiliser des outils fiables et performants.

Intérêt

Chez tout homme, c'est le désir :

- de posséder ;
- de gagner, au sens large du terme.

Chez le client, c'est le désir :

- d'obtenir, grâce au coaching, une valeur ajoutée ;
- de bénéficier du meilleur rapport qualité/prix ;
- de gagner du temps ;
- de rentabiliser son investissement ;
- d'obtenir le résultat escompté.

Confort/commodité

Chez tout homme, c'est le désir :

* de bien-être ;
* de satisfaction.

Chez le client, c'est le désir :

* de savoir que tout est mis en œuvre pour qu'il obtienne satisfaction ;
* d'avoir une réponse pertinente et adaptée à sa demande ;
* d'utiliser le temps avec encore plus d'efficacité.

La nouveauté

Chez tout homme, c'est le désir :

* de découverte ;
* d'élargir son champ d'action ;
* de changement.

Chez le client, c'est le désir :

* d'utiliser des méthodes à la pointe de la technologie ;
* de bénéficier de tout ce que vous pouvez lui apporter de nouveau, par vos outils comme par vos expériences et, bien sûr, par la qualité de votre relation.

Cette dernière motivation n'est cependant pas suffisante à elle seule, elle est toujours accompagnée des motivations rationnelles et affectives citées plus haut.

À vous de saisir la portée de cette formule, de l'adapter aux situations que vous rencontrez et d'en tirer toutes les expériences possibles.

Chapitre 2

Quel est votre niveau de confiance personnelle ?

« Pour avancer et s'accomplir dans la vie, on a besoin de croire, d'être compris, de sentir que quelqu'un a confiance en nous. »

Reine Malouin

« Il ne faut avoir aucun regret pour le passé, aucun remords pour le présent, et une confiance inébranlable pour l'avenir. »

Jean Jaurès

Vous avez démontré à votre prospect (futur client) la qualité de vos compétences lors de votre premier contact et vous pouvez légitimement penser que le contrat est conclu. Mais il reste un élément clé pour emporter la conviction de votre interlocuteur. Vous devez lui montrer que vous avez confiance en deux personnes : vous et lui. Cet ingrédient agit dans les deux sens : si l'on voit que vous êtes habité par une confiance inébranlable, on vous fera confiance. C'est un peu comparable au magnétisme animal. Si vous craignez qu'un chien vous morde, il sentira votre appréhension, et l'onde de peur qui émanera de vous renforcera son hostilité. Si vous décidez qu'il ne vous intimide pas, dans la plupart des cas, il s'éloignera.

Peu importent la couleur de votre chemise ou la marque de votre parfum. Ce dont votre client doit être convaincu, c'est de votre professionnalisme. C'est une aura invisible qui se dégage de vous quand vous savez ce que vous faites au moment où vous le faites. Cependant, la plupart des gens ont besoin de signes extérieurs pour fonder leur confiance, et c'est tout naturel. Ils veulent savoir à quel monde vous appartenez. Vous pouvez être l'astronaute le plus réputé de la Nasa, avoir vos entrées dans toutes les industries du monde, si vous vous promenez en allure débraillée, votre notoriété en pâtira rapidement. Il existe des critères objectifs communément admis qui contribuent à établir la confiance en soi et l'acceptation de soi. Vous avez également vos critères subjectifs. Les connaissez-vous, d'ailleurs ? Qu'avez-vous besoin de voir, de déceler chez une personne, pour vous dire en vous-même : « Elle est OK », ou : « Non, ça ne va pas » ? Tout le monde possède, plus ou moins consciemment, une liste de critères qui agissent comme un filtrage permanent.

> Que faites-vous d'habitude pour que l'on vous fasse confiance ?
> Que regardez-vous chez l'autre pour lui faire confiance ?
> Que vous suffit-il de voir chez l'autre pour décider de ne pas lui faire confiance ?

Les réponses à ces questions modèlent notre façon de fonctionner dans la société. Elles relèvent d'une démarche naturelle, fondée sur un savoir intuitif que l'on peut mettre en lumière. Cela peut servir à augmenter sa perspicacité. Certaines personnes pensent parfois : « Pour que l'on me fasse confiance, il faut que je sois dynamique. » C'est un cliché qu'elles n'ont jamais pris la peine d'analyser et qu'elles utilisent pourtant. Elles n'ont jamais demandé aux autres comment ils leur faisaient confiance. Elles se disent alors : « Je sais que lorsque je suis dynamique, que j'ai une voix dynamique, les gens pensent : "C'est quelqu'un en qui l'on peut avoir confiance". » Lorsque l'on va à un rendez-vous, on le prépare mentalement et techniquement ; on s'apprête à montrer que l'on a confiance en soi et l'on emprunte la voix de celui en qui l'on peut avoir confiance. Voilà à quoi sert l'exercice suivant : comment vous réapproprier ce que vous savez d'instinct pour le traduire en outil de conquête commerciale.

Il se peut que vous ne reconnaissiez pas ce genre d'outil. Vous pouvez estimer : « Moi, je n'utilise pas de tels artifices ! » Mais vous les utilisez sans le savoir, vous les avez si bien intégrés depuis longtemps que vous n'y faites plus attention. Si nous analysions votre façon de procéder, vous reconnaîtriez que vous utilisez des outils personnels de façon naturelle. Il existe ainsi des critères à votre disposition tels la façon de s'asseoir, de parler, de regarder la personne qui est en face de soi, d'écouter, de prêter attention, la posture, la manière d'être présent ou pas, de relancer la conversation, la gestuelle, etc. Il est probable que vous ayez déjà développé vos propres grilles de « lecture comportementale ». Ces critères d'observation contribueront à renforcer votre identité et le produit que vous êtes. N'hésitez pas à vous en servir.

EXERCICE 9

Notez ce que vous avez besoin de voir, d'entendre, d'observer, de ressentir, pour décider de faire confiance à votre interlocuteur (comportements, mots, habillement, mimiques, ton, rythme, parfum, etc.).

Critères	Vos réflexions et commentaires

Quel est votre niveau de confiance personnelle ?

Critères	Vos réflexions et commentaires

EXERCICE 10

Notez ce que vous faites vous-même pour que l'on vous fasse confiance (état d'esprit, comportements, mots, habillement, mimiques, ton, rythme, parfum, etc.).

Critères	Vos réflexions et commentaires

Chapitre 3

L'acte de vente : un contrat de coopération

« La seule voie qui offre quelque espoir d'un avenir meilleur pour toute l'humanité est celle de la coopération et du partenariat. »

Kofi Annan, *Discours à l'assemblée générale de l'ONU, 24 septembre 2001*

Tout acte de vente de produits ou de services est adossé en filigrane à un contrat entre le vendeur et l'acheteur. Hormis le document de vente écrit et paraphé par les acteurs de l'échange économique, il existe un contrat virtuel, mais pourtant tangible. Nous l'appelons « contrat de coopération ». De quoi est-il fait et quelle est son importance ? Il comporte six éléments fondamentaux, les « 6 C », qui se résument à la validation de deux axes :

Le premier axe est constitué :

- du contrat ;
- de la coopération ;
- du contexte spécifique.

Le second axe est constitué :

- de la compétence ;
- du comportement
- et de la confiance.

Vous remarquerez que le premier axe se situe à l'extérieur du cercle illustré ci-dessous et intègre la coopération comme étant le « but du but » du contrat dans ce contexte-là, tandis que le second se trouve à l'intérieur et c'est sur les éléments qui le composent que nous devons être vigilants et parfois avoir une action.

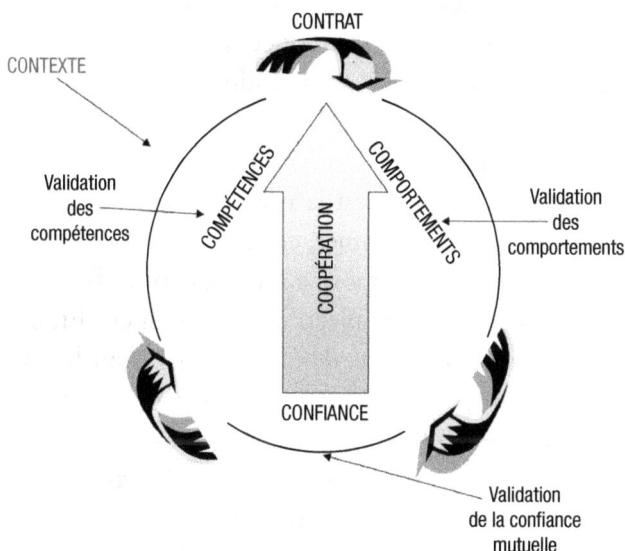

Les « 6 C » du contrat de coopération

Ces critères interagissent entre eux au moment où est matérialisé l'accord entre les deux parties par la signature du document de vente. Bien plus, ces six points agissent avant la signature et pendant toute la durée de la prestation. À la manière d'un ensemble interactif, celui-ci est capable d'influencer non seulement toute décision d'achat, mais aussi le déroulement de votre mission. Il n'y a pas de mystère dans cette adéquation.

Compétence, comportement et confiance se prêtent à un diagnostic précis dont le caractère positif garantira une excellente coopération contractualisée dans un contexte spécifique. La vigilance de la dynamique entre les deux axes permet un pilotage permanent de votre mission et de votre relation.

Les « 6 C »

Le contrat

Le coaching est un contrat, un accord formalisé entre deux personnes. Cet accord porte sur la réalisation d'objectifs, d'abord personnels en ce qui concerne la personne coachée. Dans le monde économique, personne ne fait rien de façon tout à fait gratuite. Le mode d'échange est fondé sur la promesse d'un avantage, d'un bénéfice remarquable. Dans l'univers du coaching, qui est la mise en œuvre de techniques inspirées des sciences humaines, chacun accepte la proposition d'un service en pensant d'abord à soi, à ses objectifs personnels, immédiatement avant ses objectifs professionnels. En tant que coach, il est intéressant de se demander quels sont les objectifs de la personne que l'on rencontre. Ce domaine subjectif est-il susceptible d'être traité en coaching ? Nous ne le savons pas encore. En revanche, ce qu'il est nécessaire de traiter, ce sont les objectifs de la prestation du coaching qui deviendront des objectifs d'ordre professionnel. En règle générale, le payeur est l'entreprise dans laquelle interviendra le coach. Le choix du type de travail qui sera effectué et les objectifs du travail seront décrits dans le contrat. Avant de les formuler dans ce dernier, il est nécessaire d'obtenir une coopération entre le futur coaché, le coach et parfois même avec son responsable hiérarchique qui les validera au cours d'une réunion tripartite, de manière à identifier les axes d'engagements mutuels. Cette entente permet de dégager les conditions grâce auxquelles le contrat et

106

la prestation vont se dérouler efficacement. Ces conditions sont en fait réunies dans les « 6 C ».

La coopération

Mais qu'entendons-nous par « coopération » ? Pour répondre à cette question, il est souhaitable d'opérer une distinction entre « coopération » et « collaboration ». Dans la relation du coach avec son client, nous mettons plus l'accent sur la « coopération » que sur la « collaboration ». Il est de loin préférable, en effet, d'employer le terme de coopération parce que celui de collaboration connote l'idée d'obligation. La plupart du temps, la collaboration est un lien de droit en vertu duquel une personne peut être contrainte de faire ou de ne pas faire quelque chose. De nombreux contrats impliquent ce genre de lien. En usant du terme de coopération, nous dépassons l'idée quelque peu réductrice de collaboration pour envisager un travail mutuel dont le caractère s'entend de manière plus libre et plus fluide, sous la forme d'un travail consenti mutuellement, qui s'oriente vers un objectif final. La coopération ouvre la porte à une plus grande créativité, une sorte de connivence dans laquelle prime la notion de qualité humaine. Ces deux idées sont donc bien différentes, en ce sens que le type de coaching choisi et le contrat qui s'y rattache s'intègrent dans un accord de « plein gré ». Chaque partie sera en mesure d'évaluer librement le niveau de compétence de l'autre, la nature de son comportement et le degré de confiance réciproque. Chacun pourra mieux réaliser les objectifs qu'il s'est fixés. C'est un partenariat, et c'est comme ça que ça marche !

Le contexte

Pour nous, coachs (il en est de même pour chaque individu, je préfère spécifier pour être clair dans mon explication), la recherche, la perception, la compréhension et surtout la prise en compte des informations « systémiques » du contexte global de notre client (lui et lui dans son contexte personnel et professionnel) sont primordiales. C'est, pour nous, un révélateur dynamique qui peut faire varier, de façon plus ou moins importante, les éléments historiques, les enjeux, les envies, les objectifs, et donc les 5 autres C.

Il nous appartient, dès le début du travail avec notre client, d'interroger précisément la perception spécifique de son environnement en termes de culture, de valeurs, de risques, d'opportunités, et tout ce qui peut faciliter les processus d'intégration, de valorisation, de développement et de mise en œuvre des changements liés au contrat de coaching.

Il s'agit, dans notre travail, d'un axe « stratégique » : identifier l'information « utile » dont nous aurons besoin pour élaborer et mettre en place les « tactiques » nécessaires à la coopération, et de ce fait à l'atteinte des objectifs définis avec nos clients (le coaché, l'entreprise et le responsable hiérarchique).

La compétence

Avant de « vous acheter », un client évalue de manière plus ou moins intuitive votre niveau de compétence. Il vous pose un ensemble de questions et s'attend à ce que vous lui fassiez la démonstration de votre savoir-faire. Ici même se cache un risque. Où est votre compétence ? Elle réside dans votre façon d'accompagner votre client, dans les techniques de votre métier. Il y a de fortes chances que vous ne maîtrisiez pas le métier de votre client, que vous ignoriez totalement l'art et la manière de construire des ailes d'avion, de gérer des fonds de placement ou de vendre des résidences de vacances à temps partagé au pôle Sud. Voilà où réside toute l'importance de cette notion de compétence. Vous n'avez pas à prouver à votre prospect que vous êtes compétent dans son métier et que vous pouvez faire aussi bien que lui. Ne confondez pas ! Tout ce que vous avez à lui montrer, c'est que votre domaine de compétence est votre perspicacité, votre réactivité, votre écoute, votre façon de comprendre ses difficultés, de lui poser des questions pertinentes, de reformuler ses réponses sous forme d'interrogations supplémentaires orientées vers la résolution du problème. Vos compétences sont dans votre manière d'amener votre interlocuteur à s'interroger sur des choses qui ne lui traversaient pas l'esprit, ou qu'il avait tendance à évincer et, si nécessaire, de lui apporter des solutions. Voilà le territoire de votre compétence. Et quand bien même vous connaîtriez parfaitement le métier de votre client, au point de pouvoir le remplacer au pied levé, ce ne serait pas votre rôle.

Les comportements

Les compétences sont une chose, mais elles ne sont pas tout. Le comportement est également primordial, peut-être plus qu'on ne le croirait de prime abord. Qu'entendons-nous par « comportement » ? C'est le fait, pour vous, d'adopter un type de conduite régi par des principes sociaux et moraux acceptables dans votre relation professionnelle, depuis votre premier entretien téléphonique jusqu'à la dernière touche de votre prestation. Nous parlons d'honnêteté, de loyauté, de respect de la parole donnée, de parité et de vérité. À ces vertus morales peuvent et devraient certainement s'ajouter l'empathie et la chaleur humaine. En plus de cela, il y a la nécessité, en ce qui vous concerne, de rester fidèle à votre code d'honneur et à vos propres buts. Toutes ces notes sont aussi nécessaires les unes que les autres dans la partition d'ensemble qu'elles jouent en harmonie. Elles donnent de l'étoffe et de la couleur à l'étendard que vous portez. Elles rassurent votre prospect dans son indécision, en créant chez lui un climat de confiance propice à son engagement. Nous aborderons plus loin l'importance de la déontologie et l'influence qu'elle a dans la signature du contrat et dans la qualité de votre coaching.

La confiance

En évoquant les comportements adaptés, nous avons abordé la notion de confiance. Il est toutefois nécessaire d'en dire un peu plus à ce sujet. En l'absence d'une évaluation des compétences et des comportements de chacun dans le rapport coopératif que vous êtes en train de lier avec votre prospect, il vous sera impossible de décrocher votre contrat. Ce sésame, c'est la confiance mutuelle. Votre prospect a besoin de se sentir en totale confiance pour pouvoir vous, dire ce qu'il a à dire. Mettez-vous à sa place : que fait-il lorsqu'il est en face de vous pour la première fois ou qu'il vous écoute au téléphone ? Il cherche un être humain à qui se confier. Mais pas n'importe qui. Il cherche un « pro ». S'il a le sentiment que vous ne répondez pas à ce critère, abandonnez le coaching ou corrigez-vous. Le professionnalisme ne s'invente pas. C'est une denrée qui n'est visible que sous l'angle d'un seul et unique test : les résultats. Cependant, il est impossible de mesurer des résultats tant que vous n'avez pas commencé à livrer votre prestation. Quelle solution reste-t-il ?

Certains coachs, parmi ceux qui réussissent le mieux dans la profession, n'hésitent pas à parler ouvertement à leur prospect. « Je veux que vous sentiez, avant de prendre votre décision, si vous aurez envie de tout mettre sur la table quand nous travaillerons ensemble. Et, pour ce faire, il faut que vous ayez confiance en moi. Et moi, il faut que j'aie une totale confiance en vous, en votre envie et votre volonté d'aller vers votre ambition. » Voilà comment s'opère un vrai contrat de coopération !

On pourrait penser que cette attitude n'est que temporaire, visant à obtenir au plus vite la signature du contrat. Pas du tout ! Cette mise en confiance « coopérative » continuera d'être nécessaire pendant toute la durée de votre prestation. Elle sera un fil rouge, et les indicateurs ou les voyants lumineux de la confiance seront en permanence surveillés pendant votre travail. Cette confiance est irremplaçable. S'il arrivait qu'elle commence à être perdue, ce qui peut se produire, ou s'il advenait qu'un doute s'immisce dans votre relation professionnelle, au sujet, par exemple, de la confidentialité dans vos rapports avec votre client, il vous faudrait tirer cela au clair le plus tôt possible.

Prenons un exemple. Admettons que votre client vous dise lors d'une séance de coaching : « J'en ai assez de cette entreprise, je veux partir ! » Au début de votre prestation, le coaching se passait bien, mais les choses se sont modifiées pour telle ou telle raison et votre client vous avoue son changement de décision par rapport à son employeur. Soit dit en passant, c'est un excellent signe pour vous car cet aveu démontre la confiance qu'a en vous votre client. Il prend, en effet, des risques en dévoilant son intention nouvelle ; vous pourriez répéter ses propos au directeur des ressources humaines. S'il ne vous faisait pas confiance, il ne se confierait pas à ce point. Ses paroles vous mettent cependant dans l'embarras. Vous voilà en porte-à-faux entre votre client et son entreprise qui vous rémunère. Qu'allez-vous faire ? cacher cette information à l'entreprise qui vous a recruté et être déloyal envers elle ? trahir votre coaché ? Le code de déontologie stipule que vous devez obtenir l'« accord du bénéficiaire du coaching avant de dévoiler quelque information le concernant à quiconque rémunère sa prestation ».

Dans un tel exemple, une façon d'agir serait de dire : « Je comprends ce que vous voulez dire », d'analyser ensuite à quel stade vous êtes parvenu dans l'atteinte des objectifs du contrat, puis de vérifier la capacité de votre client à exprimer son intention de quitter l'entreprise à ses responsables hiérarchiques. Si vous constatez que c'est là une chose difficile à faire pour lui, il vous reviendra de travailler sur cela avec lui. Il en va, en effet, de sa responsabilité de le faire. Vous êtes alors amené à modifier d'une certaine façon un point du contrat, mais votre client reste toujours autonome. Ce n'est pas à vous, à ce moment-là, d'apprendre à l'entreprise qu'il veut partir ; c'est à lui de le faire, et votre travail de coaching consistera sans doute à l'accompagner pour trouver les ressources qui l'amèneront à annoncer « lui-même » sa décision à son entreprise.

Les trois angles interactifs de ce triangle – à savoir les compétences, les comportements et la confiance – permettent donc de s'assurer que l'un des C s'associe toujours avec les deux autres et ce, quelle qu'en soit la porte d'entrée. S'il existe un décalage avec l'un des « C », la qualité du contrat valant par son élément le plus faible, ce « C » dégradera directement la réalisation de la prestation. Cela fonctionne en outre aussi bien en ce qui concerne la relation prospect-coach que la relation inverse coach-prospect. Par exemple, le coach peut avoir une grande confiance en quelqu'un, mais si ses compétences ne sont pas à la hauteur de l'enjeu du contrat, il lui sera difficile de délivrer un coaching de bonne qualité. Autre exemple : le client peut avoir confiance en tel coach qui a des compétences satisfaisantes, mais si son comportement ne correspond pas à la déontologie de son métier, cela risque de mal tourner. Ainsi, la somme des éléments du triangle donnera-t-elle de la puissance à la coopération contractuelle.

Même si un prospect ignore tout du coach qui vient lui présenter ses services, même s'il ignore l'existence de ce triangle, il peut le jauger de manière très rapide et fiable en fonction de ses critères. Il le fera d'instinct, en se servant de ce triangle sans le savoir. Voyez vous-même comment vous vous y prenez pour sélectionner une personne, un de vos clients ou un de vos prestataires. Vous agissez de la même façon. Intuitivement, vous diagnostiquez le niveau de compétence, le comportement, la personnalité, vous observez comment la personne communique. Est-elle pleine d'entrain ? sûre d'elle sans être présomptueuse ? compréhensive ? à l'écoute ? sincère ? honnête ? Inspire-t-elle confiance ? Tous autant que nous sommes, nous fonctionnons avec ces « 6 C ».

Dès la prise de rendez-vous téléphonique, puis lors du premier contact, en face à face, il se passe déjà quelque chose entre lui et vous. Voilà pourquoi il est nécessaire non seulement d'estimer ces éléments au téléphone, mais de savoir très tôt ce que la personne demande, quels sont ses besoins et ce qu'elle ne demande pas. En fonction de ces informations, vous estimerez si ce prospect peut devenir un client ou non. Cette évaluation vous évitera une perte de temps considérable, le cas échéant. Si vous fixez un rendez-vous, un premier pas est franchi. Vous avez éveillé l'envie mutuelle de vous rencontrer, cette envie s'associant à de la curiosité. Si vous êtes organisé, vous avez déjà ouvert mentalement le « contrat » : le contexte, les compétences, les comportements, la confiance et la possibilité d'une coopération fructueuse sont en train de se signaler à votre attention. Pour mémoire, vous aurez pris soin de prendre des notes écrites. Quand vous ferez face à la personne, vous vérifierez ce que vous avez perçu et senti, comme elle le fera de son côté, vous concernant.

La personne qui téléphone pour la première fois à un coach le fait parce que ce dernier lui a été recommandé, ou parce que son entreprise lui a donné une liste de coachs référencés. La première chose qu'elle fera est de vous écouter, de jauger la qualité de votre accueil. Elle estimera la pertinence des questions que vous lui poserez et des réponses que vous lui ferez. Encore une fois, elle saura d'instinct si elle a envie de vous rencontrer ou pas.

Le modèle des « 6 C » peut avoir une utilité quasi universelle. Conçu par l'auteur, il intéresse autant les coachs que les managers, quelles que soient leurs responsabilités. Il offre un outil de diagnostic simple, fiable, précis et rapide des compétences recherchées, des affinités souhaitables et du code d'éthique affiché. Dans le monde du coaching, son emploi sert à poser et à vérifier les conditions d'un véritable contrat de coopération sur lequel pourra s'appuyer tout le travail à venir. C'est aussi un excellent outil de management que vos clients pourront employer à leur profit. Il est d'ailleurs recommandé de le leur montrer, tout d'abord parce qu'il les aidera à progresser lorsqu'ils l'utiliseront avec leurs collaborateurs, mais aussi parce que vous procéderez alors à un « échange de technologie » dont la qualité et la pertinence contribueront à renforcer le climat de confiance établi entre vous. Cet outil, en effet utilisable dans la perspective du diagnostic des valeurs humaines, entre dans la catégorie de la gestion du tableau de bord.

Dans le contrat de coopération, un des objectifs majeurs du travail entre le coach et son client est le transfert de « technologie ». Vous prendrez le soin d'initier votre client à l'emploi de certains de vos outils de coaching. Il en découvrira l'application sur lui-même, en éprouvera le côté pratique et sa valeur. Il arrivera qu'il vous demande s'il peut l'employer à son tour sur les autres, pour résoudre telle difficulté. Il sera amené à réutiliser cette technique dans sa mission de management. Vous lui montrerez ses différentes modalités d'application. C'est un des effets positifs du coaching, en quelque sorte sa valeur ajoutée. Certains managers utilisent par exemple régulièrement la technique du « contrat de coopération » – les « 6 C » – dans les séances d'animation de leurs collaborateurs et des équipes. Ce transfert de technologie contribue à une plus grande transparence dans vos rapports avec votre client.

Tous ces outils que nous avons vus (l'étendard, ÊTRE-PRÊT, les envies et les besoins, rédiger son histoire, les « 6 C », les différents questionnaires, etc.) sont à votre disposition dans votre approche de la clientèle et dans la pratique de votre métier. Ce sont des outils d'emploi facile, que tout un chacun peut intégrer et utiliser lorsque cela lui est nécessaire. L'avantage est de pouvoir mettre des mots sur des techniques que l'on pratique et qui sont naturelles, comme le sont, au fond, beaucoup d'outils dans le coaching. Coacher les gens, les accompagner, est en somme une activité plaisante et enrichissante. C'est une activité spontanée qui, par l'ajout de certaines spécialisations, a été de plus en plus « technicisée ». L'intégration d'outils de prévision des conduites humaines et de procédures codifiées de résolution de problème a donné un habillage technologique à une activité dont le caractère libre ne s'est jamais démenti. Accompagner les gens est une pratique qui remonte à l'aube de la civilisation. Sous l'Antiquité, du temps même de l'émergence des premières sociétés humaines, les chamans et autres prêtres sorciers tiraient du divin l'inspiration qui les rendait aptes à guider leur peuple vers une meilleure destinée. Aujourd'hui, le destin des entreprises et des individus repose en partie entre les mains d'experts professionnels (les dirigeants, les managers, les collaborateurs, etc., mais aussi, bien entendu, les coachs). Si les techniques ont changé, les intentions sont les mêmes. Seuls le temps et la culture ont modifié les processus d'accompagnement.

EXERCICE 11

Dans cet exercice, vous êtes invité à noter le niveau et la qualité des compétences, de la confiance et des comportements de vos interlocuteurs. Profitez-en pour évaluer aussi vos propres critères, car faire un petit tour par soi ne fait pas de mal non plus. Que ce soit lors d'un premier contact ou au cours de votre intervention de coach, ce tableau peut vous être utile pour diagnostiquer chacun des « 6 C ».

Contexte			
	Votre prospect	Vous, coach	
	Diagnostic	Diagnostic	Commentaires
Compétences			
Confiance			
Comportements			
Coopération			
Définition du contrat et des objectifs			

Chapitre 4

Le développement commercial

> « *Faire du commerce sans publicité, c'est comme faire de l'œil à une femme dans l'obscurité. Vous savez ce que vous faites, mais personne d'autre ne le sait.* »
>
> Steuart Britt

Bien que le coaching soit une activité de prestation particulière, sa vente ne diffère pas des grands principes de la commercialisation d'un produit. Ces principes s'appuient sur les trois approches générales que l'on trouve dans toute activité de vente, à savoir :

- l'approche psychologique, qui prend en compte les motivations du client ;

- l'approche comportementale, qui se base essentiellement sur l'adéquation de la communication comportementale avec le contexte et l'objectif ;

- l'approche instrumentale, qui repose sur l'aspect procédural de la vente, et notamment sur l'entretien de vente.

117

Analyse de vos actions commerciales

Avant de commencer les activités de prospection, il est recommandé de se poser un certain nombre de questions qui orienteront vos démarches commerciales. Cette analyse vous permettra non seulement d'affiner vos cibles, mais aussi d'améliorer la qualité de votre prospection en fonction de vos buts professionnels.

1. Quelle est ma cible ?

Il est important d'identifier le type de public que vous vous proposez de contacter. Y avez-vous pensé ? S'agit-il de particuliers ? de professionnels ? De quelle sorte de particuliers ? De quelle sorte de professionnels ? Dans quels domaines exercent-ils ? S'agit-il de sportifs ? d'artistes ? d'entrepreneurs ? Mieux vous aurez déterminé avec précision la nature de votre ou de vos cibles, plus il vous sera facile de vous préparer à entrer en contact avec elle(s). Il sera en outre plus simple de procéder à des sondages auprès de cibles bien définies[1].

2. Qu'est-ce qui m'attire dans cette entreprise ?

Lorsque l'on se propose d'entrer en contact avec une cible, disons, un chef d'entreprise – peu importe la société dans laquelle travaille la personne et ce qu'elle fait –, on se pose rarement de questions sur l'environnement auquel appartient cette cible. Cependant, l'approche du prospect peut être plus détaillée et prêter à une plus grande préparation. Vous pouvez élargir votre connaissance du sujet en question et procéder à des recherches complémentaires sur l'entreprise, par le biais de documents Internet, de publications, etc. Vous devez réunir le plus d'atouts possible de votre côté avant de rencontrer le prospect. Toute personne que vous approcherez aura une activité

---

1. Voir partie III « Le marketing du coach ».

spécifique. Vous devrez la découvrir, connaître son entreprise, les produits dont elle est responsable, les services qu'elle rend dans la société ou dans le public. Plus vous en saurez à son sujet, mieux vous adapterez votre préparation commerciale, et plus votre communication sera fluide et adaptée. La qualité de votre entretien futur avec elle en sera accrue. En outre, avez-vous découvert ce qui est susceptible de vous plaire dans son entreprise ? Dans l'activité que mène cette personne ?

3. Qu'est-ce qui m'inspire ? Qu'est-ce que je veux et/ou peux apporter à cette entreprise ?

Maintenant que vous connaissez l'activité de l'entreprise visée, et si possible celle de votre cible, vous pouvez vous interroger sur les affinités que vous aurez avec elles deux. Cela peut affecter votre disposition d'esprit et la qualité de vos futurs entretiens. Peu de vendeurs se préoccupent de savoir si les personnes qu'ils rencontreront leur inspireront ou pas du plaisir, de l'attraction, de l'intérêt. C'est pourtant capital, surtout dans un métier où les relations humaines sont la clé de voûte de l'activité. Qu'est-ce qui vous motive dans cette entreprise, qui vous donne envie de lui faire bénéficier des qualités de votre savoir-faire ? Qu'est-ce qui vous inspire au point que vous souhaitez ardemment aboutir à une collaboration fructueuse avec le décideur que vous allez contacter ? Qu'allez-vous apporter de tangible, concrètement, au coaché et à l'entreprise ? En quoi cela vaut-il la peine de vous battre ? Pouvez-vous visionner cela mentalement ?

4. Quelles compétences, quels talents me permettront de réussir ?

Il est indispensable de passer en revue les compétences qui vous seront nécessaires pour résoudre le problème qui vous sera présenté, cela même avant de vous préoccuper de la manière dont vous pourriez emporter la négociation. Si vous parvenez à bien vous préparer à ce sujet, l'entretien se déroulera sans accroc comme si vous l'aviez répété auparavant. La certitude que vous donne la maîtrise de vos compétences vous aidera à imaginer comment vous allez tenir vos « promesses ». Vous allez choisir et préparer vos « outils » de manière à les adapter aux besoins du prospect. De cette façon, dès le premier entretien vous serez capable d'établir, entre les besoins de l'entreprise, la personne concernée et vous-même, une excellente adéquation.

5. Comment et en quoi cette mission vient-elle « nourrir » mon projet ?

Vérifiez si ce que vous désirez apporter à la cible s'accorde à votre stratégie générale et particulière, et à l'épanouissement de votre activité. Si cela concorde, tout ira bien. Si vous constatez que ce que l'on vous demande est éloigné de vos idéaux, vous risquez de travailler à contrecœur, de devoir vous forcer. Il se pourrait que s'en ressente la qualité de votre travail ; vous risquez de perdre de l'argent, de stagner au lieu de progresser.

6. Qu'est-ce qui m'attire, mais qui n'a aucun rapport avec mes projets ?

C'est une question d'évaluation personnelle. Après tout, vous continuez d'apprendre, vous pouvez acquérir de la souplesse pour vous adapter. Peut-être pouvez-vous faire des concessions, et souhaitez-vous vivre de nouvelles expériences. Dans ce cas, mettez des conditions à votre accompagnement, mais ne vous trahissez pas.

7. Qu'est-ce qui « m'excite », me donne de l'énergie, me semble acceptable et inacceptable et... quelles sont mes limites ?

La réflexion générale que suscite cette série de questions devrait vous aider à vérifier ce point.

Comment se développer
et gagner de nouveaux clients ?

Comment contacter vos futurs clients ? Comment trouver de
nouveaux contrats ? Comment anticiper vos actions commerciales pour remplir à plein-temps votre agenda ? Vos confrères,
vos concurrents et tous les commerciaux du monde se posent
les mêmes questions. Certains conçoivent et mettent en application une véritable politique de prospection commerciale,
d'autres consacrent leur énergie dans l'animation d'importants
réseaux commerciaux. Le point essentiel, pour réaliser ses
objectifs de développement, est d'identifier la ou les techniques les plus adéquates en fonction de sa stratégie, de ses
moyens et, bien sûr, de ses cibles.

On parle beaucoup des techniques de prospection. Elles ont
leurs partisans et leurs détracteurs, mais elles sont utiles
lorsque l'on a besoin de se faire connaître et de remplir son
agenda. La prospection systématique peut être un passage
obligé pour conquérir de nouveaux clients. Les coachs expérimentés n'en sont pas tous convaincus, certains estiment que le
relationnel et les opportunités donnent plus de fruits que la
technique pure et dure du développement commercial. Cela
dit, ceux qui le pensent oublient souvent qu'à leur début, ils
ont dû passer par une phase de prospection plus ou moins
longue. Quand vous démarrez, il faut vous faire connaître,
nouer des contacts, rencontrer le plus de personnes possible.

Le secret de l'organisation est la prévision. Il est nécessaire de
consacrer, quoi qu'il arrive, une partie de son temps au développement commercial : par exemple, vous pouvez décider de
réserver à votre activité de prospection un jour particulier de
la semaine. Même quand votre carnet de rendez-vous est plein
et que vous êtes à 100 % d'activité rémunérée, vous devez
dégager du temps pour la prospection et pour vos futures relations d'affaires. Ce temps peut représenter 10, 15, 20 % de

votre agenda. Il n'existe pas un coach expérimenté, un cabinet ou une entreprise organisée qui n'ait adopté cette stratégie. Même si vos rendez-vous s'enchaînent les uns après les autres, faites un « break » et allez prendre un café avec l'un, passer un coup de fil à un autre, car cela représente votre investissement dans le futur. Un coach senior bien organisé me raconta un jour qu'en voiture, partant en week-end, il téléphona à trois anciens clients, directeurs des ressources humaines de grands groupes, pour prendre de leurs nouvelles. Il ne put que laisser un message à chacun sur son répondeur : « Je viens d'entendre à la radio que des cadres ont été séquestrés pendant la grève. J'espère que ça va pour vous et que vous n'êtes pas enfermé. Je sais que l'activité est difficile dans votre secteur. Je vous souhaite un bon week-end. » Le lundi suivant, les trois personnes le rappelaient, annonçant chacune : « Non ça va, je ne suis pas "encore" séquestré. C'est vrai que l'activité est difficile. Ce serait bien que l'on se voie. »

« L'occasion fait le larron », comme dit le proverbe. Il se passe toujours quelque chose dans le monde qui peut être utilisé à bon escient. Si vous avez l'esprit ouvert et si vous êtes réactif, vous vous direz : « Je me demande ce qui se passe pour les uns ou les autres. » Lorsqu'un événement inattendu se produit, vous devez le considérer sous une double optique, humaine et « business ». En prenant des nouvelles de vos prospects ou de vos anciens clients, vous vous rappelez à leurs bons souvenirs. Il arrivera des fois où vous les appellerez au bon moment et où ils vous diront : « C'est une très bonne idée de m'avoir appelé, il faut absolument que l'on se voie parce que j'ai un projet et je voudrais vous en parler. »

Développer votre entreprise est un travail de chaque instant qui nécessite un tant soit peu d'être organisé et rigoureux. Vous savez ce qu'il vous reste à faire !

La roue de Deming ou le PDCA

La roue de Deming est une illustration de la méthode qualité appelée « PDCA » (*Plan-Do-Check-Act*). Son développement est dû au statisticien américain William Edwards Deming (1900-1993), qui a révolutionné les méthodes de management industriel. Deming est reconnu au Japon pour avoir contribué, après la Seconde Guerre mondiale, à combler le retard de ce pays et à le hisser en une dizaine d'années au rang des pays industriels les plus modernes du monde.

Deming avait coutume de dire : « *Commençons par améliorer ce que nous savons faire, mais pas encore assez bien. Ensuite nous innoverons. Mais pas l'inverse.* » La méthode « PDCA » comporte quatre étapes qui s'enchaînent les unes après les autres, visant à établir un cercle vertueux. Son utilisation permet d'améliorer la qualité d'un travail, d'un produit, d'un service.

1. Plan

Il s'agit de prévoir ce que l'on va faire. Ici se trouve la planification de nos projets, des actions à mener.

2. Do

C'est la production, la mise en œuvre de la stratégie, la réalisation des actions de prospection et des rencontres clients/prospects.

3. Check

C'est l'étape de vérification et de validation. Ce que l'on a fait correspond-il au plan ? (Nombre de contacts, de rendez-vous, de contrats…)

4. Act

Que peut-on améliorer encore dans ce qui a été réalisé ? Que reste-t-il à faire pour progresser ? C'est l'étape finale qui donne naissance à un nouveau cycle lequel commence par un nouveau planning. Il existe beaucoup de données sur Internet relatives à cette méthode. On y trouve l'information selon laquelle, pour s'assurer de la bonne progression du PDCA, il faut se représenter « *une cale sous la roue qui l'empêche de redescendre. Cette cale symbolise par exemple un système d'audits réguliers ou un système documentaire qui capitalise les pratiques ou les décisions* ».

Non seulement cette méthode s'adapte naturellement à votre prospection, mais elle s'emploie aussi dans le coaching et son suivi.

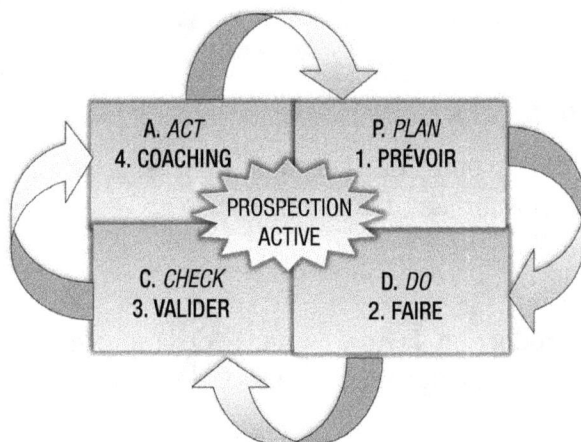

Le PDCA adapté à la prospection

EXERCICE 12

Voici comment vous pouvez appliquer le PDCA à la prospection. Utilisez ce plan régulièrement et mettez-le à jour au moins chaque semaine.

PDCA	Les étapes	Vos actions, objectifs, commentaires, résultats
1. *Plan/Prévoir*	Définir des objectifs (SMART[1]). Ouvrir un agenda de travail (temps de travail, jour/heure). Identifier vos cibles, vos contacts, vos relais de communication, vos prescripteurs potentiels.	
2. *Do/Faire*	Mettre en œuvre un plan d'action et toutes les actions nécessaires pour atteindre vos objectifs. Analyser votre fichier de prospection. Téléphoner à chaque piste possible. Organiser votre « communication virale ». Prendre des rendez-vous, rencontrer vos futurs clients, participer aux réunions professionnelles, aux conférences, etc.	
3. *Check/Valider*	Vérifier que les actions mises en place sont efficaces et atteignent l'objectif défini. Analyser chaque rendez-vous, chaque contrat, chaque contact pour valider les process et les résultats, et surtout pour capitaliser votre savoir-faire et continuer à progresser.	
4. *Act/Coacher*	Agir sur vos contrats de coaching ou autres. Vérifier que les actions de prospection et de communication mises en place sont efficaces dans le temps et à mesure que votre clientèle s'étoffe. En profiter pour voter des *satisfecit*[2] sur votre progression professionnelle et prendre conscience de votre évolution de compétence. Et… CONTINUEZ !!!	

1. Selon Wikipédia : « Dans le cadre de projets d'évaluation et de stratégie économique/politique, un objectif ou un indicateur est dit « SMART » lorsqu'il est possible de vérifier directement qu'il est : spécifique (anglais : *specific*), mesurable (anglais : *measurable*), atteignable (anglais : *achievable*), réaliste (anglais : *realistic*), défini dans le temps (anglais : *time-bound*). »
2. Appliquez la stratégie du « scénario gagnant » en PNL : se fixer des objectifs, les atteindre, fêter les succès.

Organisez votre plan de progression comme une spirale de succès.

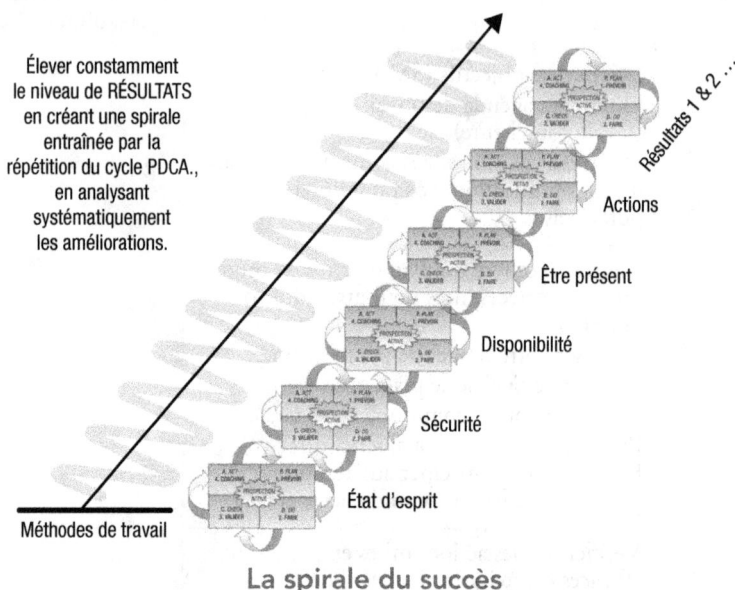

Élever constamment le niveau de RÉSULTATS en créant une spirale entraînée par la répétition du cycle PDCA., en analysant systématiquement les améliorations.

Résultats 1 & 2 ...

Actions

Être présent

Disponibilité

Sécurité

État d'esprit

Méthodes de travail

La spirale du succès

Dans cette phase de croissance et d'évolution, remplie de contacts et de sollicitations diverses, il est essentiel que vous restiez fidèle à votre engagement déontologique et à votre éthique. La pérennité de votre entreprise en dépend. Parfois, il vous faudra décider d'accepter ou de refuser tel client, de faire ou pas tel coaching. Votre choix devrait vous appartenir en toutes circonstances. Votre réussite repose en grande partie sur votre intégrité.

Les outils et les techniques de la prospection

Bonne ou mauvaise nouvelle ? La génération spontanée des clients n'existe pas. Chaque activité commerciale nécessite un réel investissement en moyens, en temps, en énergie et en finances pour trouver des clients. Peut-être encore plus que d'autres métiers, celui de coach se fonde essentiellement sur la relation. Cela implique que nous accomplissions des actions indispensables et régulières, destinées à enrichir notre portefeuille de clients. Certains coachs seniors vous diront qu'ils ne font pas de commercial. C'est sans doute vrai, mais ils oublient de vous dire tout ce qu'ils mettent en œuvre pour maintenir et fidéliser leur clientèle actuelle. Ils ne pensent pas non plus à tout ce qu'ils ont dû faire à leurs débuts. Au démarrage de votre activité, votre travail le plus important consiste à constituer une base de clients, un fichier de prescripteurs potentiels, de relais et de partenaires. Rappelez-vous qu'il faut en moyenne deux à trois ans d'activité à plein-temps pour retrouver un niveau de rémunération stabilisé qui corresponde à vos objectifs et à vos investissements.

Les techniques classiques

Le téléphone reste le meilleur moyen de prendre contact avec vos prospects. Vous avez à votre disposition deux types de contacts possibles : le téléphone fixe (bureau, domicile) et le téléphone mobile (personnel et/ou professionnel). Pour l'un comme pour l'autre, vous devez créer un message de présentation clair et une accroche qui éveille l'intérêt de vos correspondants.

Le mailing postal peut être efficace avant de téléphoner. C'est un moyen de contact qui reste cher (comptez 2 000 à 3 000 €), compte tenu du taux de retour escompté (entre 1 et 3 %). De plus, il nécessite de créer une plaquette commerciale.

Les conférences et lieux de rencontre professionnels (associations, fédérations, chambres de commerce et d'industrie, anciens clients, etc.) sont d'excellents moyens de développer des contacts et d'entrer dans des réseaux d'affaires. Il arrive que l'on obtienne, par ce moyen, des propositions de travail. Vous pouvez aussi participer à des ateliers, en organiser vous-même, présenter vos propres outils de travail, rédiger des articles sur des supports papier ou électroniques. Là encore, il n'est pas rare qu'à la fin d'une présentation, des participants viennent vous parler.

Les réseaux « réels » sont un autre moyen de développer vos contacts. Il est recommandé d'organiser leur structure (amis, famille, associations, écoles, facultés, anciennes sociétés, etc.) avant de commencer à les utiliser. Les contacts physiques que l'on établit sont souvent fructueux, et la confiance entre les nouvelles personnes que vous rencontrez et vous-même peut être instaurée rapidement. Mais n'oubliez pas d'élaborer d'abord votre « histoire », et d'avoir ainsi un message clair et aisément perceptible. Si ce n'est pas le cas, ne grillez pas tout de suite vos cartouches.

Le *networking* interactif, par lequel s'établissent des liens virtuels à travers des réseaux « sociaux » sur Internet, fleurit sur le Web. Les exemples abondent : Facebook, LinkedIn, Plaxo, Viadeo, Xing, Twitter, etc. Après avoir créé votre profil et présenté votre activité de coach, vous pouvez importer votre fichier d'adresses, découvrir des forums spécialisés et participer aux discussions, proposer et animer des thématiques spécifiques en rapport avec vos cibles ou avec vos spécialités techniques. Il vous faudra faire le tri entre les bons réseaux virtuels (les mieux adaptés à ce que vous recherchez) et les moins performants.

Les solutions technologiques

L'e-mailing a l'avantage d'être peu coûteux et de « toucher » rapidement un maximum de prospects. Les taux de retour sont cependant estimés à moins de 1 %. Ce moyen de contact peut être plus cher que prévu, dans la mesure où vous aurez besoin de louer des fichiers d'adresses e-mail. De même que pour le mailing postal, il vous faudra concevoir et réaliser un message commercial lisible en langage HTML[1]. Les campagnes d'e-mailing ne remplacent pas l'usage du téléphone, mais peuvent constituer un appoint intéressant pour développer votre communication. Vous devrez respecter les directives de la CNIL[2], la loi dite « Informatique et Libertés », et vous former aux conditions de recevabilité de vos messages dans les serveurs Internet de vos destinataires (robots antispam...).

Le faxing, technique de prospection qui a eu son heure de gloire, semble aujourd'hui dépassé.

Les SMS, qui sont en vogue, ne se prêtent cependant pas aux techniques de prospection dans les professions intellectuelles, et leur emploi peut être considéré comme intrusif.

La veille commerciale permet de recourir à des services de regroupement des appels d'offres. Ce moyen peut vous faire gagner du temps et des clients. Certaines sociétés spécialisées dans la veille commerciale sont très performantes en ce qui concerne les informations fournies (noms des personnes à contacter, leurs statuts, coordonnées...). Mais ces prestations ont un coût (comptez entre 500 à 2 000 € en fonction du niveau d'informations).

Création d'un site Web, d'un blog, participation à des forums, buzz marketing, e-branding... représentent d'autres ressources supplémentaires, grâce auxquelles il vous est possible de développer vos communications et de vous faire connaître.

Il existe, dans le commerce, de nombreux ouvrages sur ces différentes techniques de prospection. Si vous éprouvez le besoin d'en savoir plus dans ce domaine, n'hésitez pas à vous y référer et à en adapter le contenu à votre activité naissante.

---

1. Le HTML (« HyperText Markup Language ») est un langage qui permet la lecture de documents sur Internet à partir d'ordinateurs différents.
2. http://www.cnil.fr/vos-responsabilites/.

Passer de « produit » à « marque », ou les bienfaits des NTIC[1] : le *personal branding*

> « *Votre marque personnelle, c'est tout simplement l'idée claire, forte et positive qui vient immédiatement à l'esprit des personnes qui vous connaissent quand elles pensent à vous.* »
>
> Peter Montoya, le « pape » américain du *personal branding*

Après notre invitation à passer de « vous » à vous « coach/produit », il reste encore un pas à franchir : celui de la « marque ». En effet, comme pour toute entreprise, il faut maintenant réfléchir et trouver votre « marque personnelle » pour « faire la différence » avec les autres produits du marché du coaching, vous démarquer. Il vous faut inventer votre avantage concurrentiel par votre marque personnelle, symbole de votre « promesse » marketing (talents, compétences, qualités, prix, etc.). Votre marque doit communiquer, faire ressentir l'« unicité » de votre valeur ajoutée au-delà de votre logo et autres communications (plaquette, site Web…). Il s'agit de mettre en scène votre « étendard » pour accompagner votre développement et vos objectifs.

Utiliser les nouvelles solutions technologiques répond à cette logique d'avoir des objectifs de communication pour votre entreprise et un « produit phare » à lancer, à promouvoir et à commercialiser. Pour le coach débutant, c'est avoir en tête de devenir « visible » d'une façon différente sur son marché, faire sa « pub », faire parler de lui, à défaut de parler lui-même de lui,

---

1. Les NTIC sont les nouvelles technologies de l'information et de la communication. « *Cela représente l'ensemble des technologies informatiques utilisées pour traiter, modifier et échanger de l'information, plus spécifiquement des données numérisées. La naissance des NTIC est due notamment à la convergence de l'informatique, des télécommunications et de l'audiovisuel. L'avènement principal des NTIC est sans contexte le réseau Internet qui ouvre notamment la voie à la société de l'information, au macro-organisme humain et au commerce électronique.* » Source : *Encyclopédie du Web*.

© Groupe Eyrolles

donner des informations, des indices sur ce qu'il fait, ses réussites, donner envie de le rencontrer, éveiller la curiosité… Nous ne vous proposons pas de faire une campagne de pub avec affichage/radio/TV, etc., mais d'avoir recours aux NTIC. Le « *personal branding* », technique marketing qui nous vient des États-Unis, développée depuis une dizaine d'années par Peter Montoya et William Arruda, et, en France, entre autres par la coach Fadhila Brahimi[1], s'avère extrêmement efficace et donne d'excellents résultats de contacts, de réseaux, de visibilité, voire de notoriété. Le *personal branding* répond aux attentes des clients que nous sommes tous, c'est-à-dire des clients qui ont un attachement particulier à une marque précise, et sont parfois même prêts à payer un prix plus élevé. Pour le coach qui débute, employer cette technique implique de reprendre l'ensemble de ses notes, son histoire et son étendard pour « mettre en ligne » son profil sur les réseaux. Attention, c'est un travail de chaque jour, il faut entretenir régulièrement les liens, partager des informations… bref, faire vivre votre « marque personnelle » et considérer ce temps comme un investissement commercial au même titre que votre prospection. Nous pensons que c'est à ce prix que vous pourrez devenir « un produit/une marque » « **APARE** ».

	Mes critères/mes différences/mes spécificités…
Authentique	
Professionnel	
Attirant	
Réactif	
Efficace	

1. Fadhila Brahimi est experte en *personal branding* et *community management*. Elle intervient régulièrement dans les médias français et algériens sur le Web Social, et en tant que conférencière. Coach certifiée de l'International Coach Federation, elle est directrice du cabinet FB-Associés (2005) et initiatrice du « Blog du *personal branding* » : http://www.blogpersonalbranding.com.

Structurez votre marché potentiel

Pour y voir plus clair à propos de votre futur marché, il sera utile de le compartimenter en différents types de publics ou de réseaux. Vous ne tarderez pas à constater que des personnes avec qui vous avez un contact immédiat et facile seront ravies d'apprendre que vous êtes devenu coach. Il y aura aussi des personnes que l'on vous recommandera. D'autres, qui ne vous connaissent pas et que vous ne connaissez pas, cherchent un coach : la prospection vous amènera à entrer en contact avec elles. Avez-vous pensé à reprendre contact avec vos anciens collègues de travail pour leur dire que vous faites maintenant du coaching ? Dans la partie III consacrée au « marketing du coach », vous obtiendrez de plus amples informations sur la manière de vous y prendre pour exploiter à bon escient cette « niche de marché » que représentent vos anciennes relations de travail.

Vous pouvez classer vos réseaux potentiels en quatre niveaux :

1er niveau : les personnes que vous connaissez et que vous pouvez rencontrer facilement. Elles exprimeront de la bienveillance à votre égard et vous feront bon accueil.

2e niveau : toutes les autres personnes que vous connaissez, mais qui poseront quelques conditions pour vous rencontrer. En général, vous connaissez directement ces personnes, ou par des amis du premier niveau. Elles peuvent vous recevoir, ont un *a priori* positif à votre égard, mais vous n'êtes pas sûr de l'aide qu'elles peuvent vous apporter. Ce peuvent être aussi des personnes que vous rencontrez chaque jour et avec qui vous êtes en relation, sans qu'elles appartiennent au 1er niveau.

3e niveau : les personnes que vous ne connaissez pas et qui n'entrent pas dans les 1er et 2e niveaux, mais que vous pouvez approcher par la prospection (n'ayez pas d'*a priori* à leur sujet !).

4e niveau : les personnes qui ne vous recevront pas. Vous les connaissez et savez qu'elles ne vous aideront pas (du moins aujourd'hui...).

L'identification de ces réseaux donne de la sécurité. C'est une excellente façon d'organiser votre marché, de définir vos cibles et d'accorder vos priorités. Vous serez en mesure d'établir quelles cibles vous voulez approcher. Naturellement, vous commencerez par le réseau qui a l'abord le plus facile.

EXERCICE 13

Pour préparer votre plan de prospection, déterminez d'abord vos différents réseaux.

Commencez par dresser la liste des personnes que vous connaissez, qui constituent les premiers maillons de vos réseaux. Bien entendu, il vous appartient de faire évoluer en permanence cette liste de futurs clients et/ou futurs prescripteurs.

Continuez d'enrichir ce formulaire à mesure que vous progressez dans votre démarche commerciale.

Vos réseaux	Noms et coordonnées	Vos commentaires
1ᵉʳ niveau Les personnes que vous pouvez rencontrer facilement, qui peuvent vous aider (famille, amis, collègues, anciens collègues, voisins, amis d'amis, etc.).		
2ᵉ niveau Toutes les autres personnes que vous connaissez, mais qui poseront quelques conditions pour vous rencontrer. (Il faudra leur montrer patte blanche, les rassurer sur vos compétences professionnelles.)		

Vos réseaux	Noms et coordonnées	Vos commentaires
3e niveau Les personnes que vous ne connaissez pas et qui n'entrent pas dans les 1er et 2e niveaux, mais que vous pouvez approcher par une stratégie de prospection.		
4e niveau Les personnes qui, de toute façon, ne vous recevront pas. (Il est important de les nommer !)		

Le travail sur vos cibles

Maintenant que vous avez structuré votre marché en différentes catégories, vous allez organiser puis mettre en œuvre vos moyens de communication. Vous réfléchirez aux multiples façons d'aborder ces personnes. Quelles sont celles à qui vous pouvez téléphoner ? celles à qui vous préférez envoyer un e-mail ? celles qui ne vous connaissent pas, mais que vous pouvez contacter en vous faisant recommander par une relation commune ? Il vous faut également concevoir un message écrit qui reflète ce que vous faites, qui corresponde à votre identité. Votre message doit être digne d'intérêt et ne pas ressembler à celui de Monsieur ou Madame Tout-le-monde.

Certains coachs procèdent par élimination en supprimant les « cibles mortes » (4e niveau), avec lesquelles ils savent n'avoir aucune chance de travailler. Cet élagage vous permet d'éviter de gaspiller vos cartouches au début de votre prospection et sert à parfaire votre présentation. Il s'agit d'identifier les cibles avec lesquelles vous voulez travailler et celles avec lesquelles vous ne le souhaitez pas.

Les cibles négatives peuvent vous maltraiter. Cela arrive parfois. Elles mettent un grand nombre de conditions, posent toutes les questions pièges auxquelles vous ne vous attendiez pas, et sont expertes dans l'art de vous faire perdre le moral avant même d'avoir commencé. Refusez de vous laisser abattre par ces « oiseaux mal nichés », et prenez leurs réponses pour ce qu'elles sont : une étape obligée de mise en condition et d'entraînement dans votre prospection. N'oubliez jamais, quoi qu'il arrive, de garder à l'esprit votre objectif.

Le fait de gagner des contacts va vous servir d'expérience. Vos appels révéleront les différents cas de figure auxquels vous serez confronté dans vos rendez-vous. C'est, en cela, très formateur. Le travail sur les cibles prend du temps, mais en vous y consacrant de manière méthodique, vous finirez par concevoir un dossier de présentation plus efficace lorsque vous vous adresserez à la bonne cible. En évoluant dans le 1er niveau, vous aurez plaisir à être bien reçu, les personnes apprécieront votre projet, elles vous soutiendront, vous aideront. Il se peut même que certaines d'entre elles deviennent des prescripteurs.

Vous pouvez rencontrer une personne qui, vous le saviez, vous dira « non ». Elle fera en sorte de vous « descendre ». En sortant de l'entretien, peut-être ne saurez-vous même plus comment vous vous appelez, tant votre interlocuteur vous aura fait douter de vous. Pourtant, les questions « vaches » qu'il vous aura posées peuvent révéler certains de vos points faibles dont vous n'aviez pas conscience. En prenant le recul nécessaire, vous pourrez renforcer vos certitudes et vos compétences, et votre impact pourra s'en trouver amélioré. Voilà le travail que vous pouvez accomplir dans le cadre de la prospection. Quoi qu'il puisse vous arriver, suivez une règle simple : cherchez à surmonter l'événement négatif, à rire des attaques, à ignorer les « non » et à vous servir des mauvaises expériences. En suivant cette dure école, vous ne pourrez que perfectionner votre manière de vous présenter. Fort de votre expérience, il se peut que, plus tard, vous ayez l'aplomb nécessaire pour relancer certaines personnes qui vous avaient fermé la porte au nez. Et il se pourrait que, cette fois, elles vous disent « oui » !

Faut-il chasser la pépite, comme semblent le faire certains coachs lorsqu'ils ne se sentent plus assurés dans leur démarche commerciale ? Faut-il viser surtout les grands dirigeants ou les grandes entreprises ? La réponse réside dans les choix que vous avez faits. L'essentiel est de vous sentir à l'aise avec le public considéré. Vous pouvez segmenter votre marché en fonction de vos affinités avec le public – selon que vous vous sentez bien avec les responsables de services et les cadres commerciaux, ou plutôt avec les financiers, les techniciens, les ingénieurs, ou encore avec Monsieur et Madame Tout-le-monde. Cette manière de répartir le public en segments peut porter ses fruits dans votre prospection. Même s'il est question d'opportunité, n'oubliez pas que ce métier n'est pas fait que de compétences techniques, mais aussi de compétences « humaines ». Il peut être avantageux de connaître le métier de votre prospect, mais il est sans doute plus intéressant de connaître l'entreprise dans laquelle il travaille. Et si vous méconnaissez l'un et l'autre, vous pouvez encore réussir, à condition que vous sachiez comment vous y prendre avec la personne qui est en face de vous. Si vous pouvez vous mettre au diapason avec cette personne, établir une alliance forte et fiable avec elle, et lui prêter une attention sincère à chaque rencontre, il y a de fortes chances que vous soyez choisi.

Soyez imaginatif sur tous ces points.

En résumé, comment procéder ?

1. Identifiez vos réseaux et enrichissez-les sans cesse de nouvelles informations.

2. Préparez votre plan de prospection et travaillez vos cibles.

3. Prenez vos rendez-vous par téléphone ou par tout autre moyen.

4. Concevez et créez des messages écrits qui suscitent l'intérêt.

5. Concevez et réalisez une plaquette de présentation. Faites-la imprimer.

6. Concevez et ouvrez un site Internet ou un blog professionnel.

7. Obtenez des listes d'adresses ciblées (postales et e-mails).

8. Envoyez des lettres personnalisées qui portent l'adresse de votre site.

9. Envoyez des campagnes d'e-mails ciblés qui portent l'adresse de votre site.

10. Suivez vos prospects, n'oubliez pas l'intérêt qu'ils vous ont manifesté.

11. Rencontrez vos futurs clients en rendez-vous, contactez-les.

12. Soyez présent dans les clubs, les colloques, les événements et les réseaux de professionnels.

13. Soyez présent dans les médias de *networking* professionnels sur Internet.

14. Donnez vos prestations de coaching et fidélisez vos clients.

15. Perfectionnez votre présentation.

16. Accroissez votre notoriété ; trouvez d'autres listes de cibles, d'autres réseaux.

17. Créez des événements, des petits-déjeuners, donnez des conférences, écrivez des articles.

18. Concevez un tableau de bord pour gérer les points 1 à 16.

Chapitre 5

Comment gérer
le premier contact ?

*« Nous sous-estimons souvent le pouvoir d'un contact, d'un
sourire, d'un mot gentil, d'une oreille attentive, d'un
compliment sincère, ou d'une moindre attention ; ils ont tous
le pouvoir de changer une vie. »*

Leo Buscaglia

Le fameux designer automobile Lee Iacocca, ancien vice-
président de la Ford Motor Company à qui l'on doit la Ford
Mustang, disait : *« On a rarement l'occasion de faire une seconde
fois une bonne première impression. »* Cela se vérifie dans nos
métiers ; nous avons rarement la possibilité d'une seconde
chance, d'une « seconde première chance ». Il est curieux de
constater que, lors des tout premiers contacts avec de futurs
clients, les choses se déroulent souvent de manière fluide, et
moins facilement avec les suivants. Mon conseil aux débutants
est d'éviter de faire « feu de tout bois » : ne cherchez pas à
convaincre à tout prix votre interlocuteur que vous êtes le
meilleur, le seul et l'unique coach qu'il rencontrera jamais. Si
vous êtes efficace, ne soyez pas maladroit en cherchant à le
dire. Il vaut mieux apprendre à écouter, et à « distiller avec

parcimonie » et intelligence les questions, les informations et vos préconisations. La vérité qui est en vous est plus pénétrante que toutes les belles paroles que vous pourrez inventer pour l'habiller. Elle est perceptible dans votre attitude, et d'elle émanent la certitude et la confiance que vous avez en vous et en votre métier.

Dans un domaine où la compétition est active, qu'est-ce qui est susceptible de vous distinguer de vos pairs, de vos concurrents aux yeux du prospect ? C'est la pertinence et l'efficacité du premier contact. La finalité de la mise en relation est atteinte quand le prospect se dit : « Il est bon, c'est certain ; si je me décide, ce sera lui. » Remarquez que cela vient du client, pas de vous. Même si les tarifs que vous pratiquez sont supérieurs à la moyenne, si vous excellez dans le premier rapport, votre prospect vous dira : « C'est normal parce que vous êtes très bon. »

Ce qui vous évitera de commettre des erreurs lors de vos premières relations, c'est de ne pas craindre d'en commettre. Votre confiance en vous et votre souplesse d'esprit doivent vous permettre d'envisager l'échec en toutes circonstances, de l'accepter et de passer outre. Si vous êtes capable de faire face aux refus les plus inexplicables et les plus inattendus, aux retournements de situation les plus surprenants et aux changements d'avis les plus intempestifs, sans sourciller, sans vous démonter et en gardant le sourire, malgré la perte financière que cela occasionne, si vous êtes capable d'aller de l'avant en dépit de tout cela, vous réussirez. Vous devrez pouvoir vous dire : « Ok ! Je me suis planté, ce n'est pas la fin du monde de ne pas être retenu. La prochaine fois, je réussirai. » Une attitude d'impassibilité face à Rome en proie aux flammes est la seule qui soit recommandée dans ce genre d'exercice.

Certaines techniques de vente assurent que les échecs sont les jalons du chemin qui rapprochent du but visé et mènent à la conclusion d'une affaire. C'est une façon de voir qui ne doit cependant pas être interprétée comme un « faire-valoir » à l'échec. Cultiver un mental de gagneur est essentiel. Certains subliment l'échec en le retournant comme un javelot vers la victoire, pourquoi pas vous ?

Il se peut que, dans son jeu impénétrable, le hasard s'amuse à vous fournir les clients que vous n'attendiez pas. En tout cas, soyez sûr que vous les méritez. À l'inverse, les clients n'ont-ils pas aussi le coach qu'ils méritent ? Quoi qu'il en soit, même si la première rencontre n'aboutit pas, elle constitue une pierre sur laquelle vous appuyer pour gravir la marche suivante. Cela est valable pour la suite : le coach qui réussit ne manque pas une occasion d'apprendre, de se former, de se corriger et d'améliorer ses compétences.

Parlez à bon escient. Sinon, « taisez-vous ! »

Pour être certain d'être remarqué et avoir le plus de chances d'être acheté, vous devez faire en sorte de laisser au client, d'une façon naturelle, quelques indices. Vous devez lui offrir quelque chose qui l'attire, qui l'inspire : un sourire, un geste, une intonation de voix, une attitude, une affirmation particulière… Ce peut être une anecdote que vous lui racontez. Ce que vous ferez doit agir comme si vous aviez imprimé votre marque, votre signature sur son territoire.

Dans le tumulte des affaires quotidiennes, où les gens reçoivent des dizaines d'e-mails par jour, où ils sont sollicités sans cesse, où leur agenda est « surbooké », si vous ne faites rien pour que l'on vous remarque de manière positive, vous n'existez pas, quelles que soient vos meilleures intentions à leur égard. Voilà pourquoi vous devez laisser une empreinte dans le mental de votre interlocuteur, de sorte que, lorsqu'il se souviendra de vous, surgisse instantanément ce qui l'a marqué. Cette « empreinte » devient votre meilleur « agent de presse », votre allié, votre annonce publicitaire.

Il existe, en outre, deux règles dans le coaching, valables dans toute relation d'affaires, et dont les qualités sont si grandes que certains les ont adoptées comme règles de vie :

- tout ce que vous dites chez un client doit être vrai ;

- tout ce qui est vrai n'est pas à dire systématiquement.

Ce que vous avancez ou affirmez est susceptible, d'une façon ou d'une autre, d'être recoupé ou vérifié dans le futur. Dites un seul mensonge et vous vous exposez, tôt ou tard, à perdre votre crédibilité. À l'inverse, tout ce qui est vrai n'est pas à dire. Il y a ce que l'on appelle des « vérités recevables ». Ces vérités servent-elles votre objectif ? Imaginez que vous ayez déposé le bilan de votre entreprise il y a une dizaine d'années, ou que vous ayez perdu la semaine dernière tous vos points du permis de conduire, et que vous en parliez à votre prospect. Il ne s'agit certes pas de mensonges, mais ces informations sont-elles utiles ou favorables à votre négociation ? Naturellement, cette règle doit être adaptée au contexte de l'entretien, parce que certaines vérités qui ne sont pas reçues aisément peuvent nuire à la relation, à la qualité de votre alliance et à vos intérêts.

Il y a également des vérités qui, bien que s'appuyant sur votre expérience, ne sont pas à dire, parce qu'elles ne sont pas opportunes – ce n'est pas le bon moment. N'oubliez pas que les deux premières rencontres sont des étapes délicates. Il faut savoir estimer ce qu'il est important de dire, ce qu'il faut plutôt survoler et ce que l'on doit s'abstenir de dire.

Il est donc capital d'être très clair quant à l'objectif de la rencontre, que ce soit la première ou non. Qu'avez-vous l'intention d'obtenir contre la signature du contrat ? Cette signature est incluse dans votre objectif, mais l'on se trompe souvent en se focalisant sur le contrat. Il est plus intéressant de se dire : « Je vais rencontrer ce client et je vais lui montrer, en tout cas lui permettre de découvrir, qui je suis et comment je fonctionne. » C'est tout ce qui doit compter lors d'une

141

première rencontre. Par quoi êtes-vous intéressé ? par l'argent du client ? par le client lui-même ? Si tout ce qui vous motive est le contrat, vous aurez tendance, que vous le vouliez ou non, à négliger la personne, et la qualité de la relation ne pourra qu'en souffrir. Vous ne serez pas en communication avec la personne, avec ce qu'elle désire ou recherche. Or, bien souvent, la personne qui a accepté de vous rencontrer est le décideur. Ce qui se passe au cours d'une telle rencontre est si important pour la suite que cela requiert d'établir un échange sincère et presque désintéressé, de personne à personne. Vous n'êtes pas dans un processus de personne à contrat, vous êtes dans celui de la découverte mutuelle entre deux êtres qui peuvent créer un rapport fructueux à condition qu'ils s'entendent. Le premier état d'esprit risque de tout gâcher, le second a des chances de tout gagner.

Adoptez la bonne posture et gagnez le contrat

En faisant preuve de « générosité » dès votre premier contact, vous serez en mesure de démontrer de manière claire ce que vous êtes capable de faire. Il est courant, dans la vente de produits, d'offrir au prospect un spécimen de l'article que l'on souhaite lui vendre. De même ici, vous devrez offrir à votre client un avant-goût de ce que vous pourrez faire pour lui. N'oubliez pas que vous êtes dans un domaine de prestation de services intellectuels, et qu'il est vital que le prospect puisse « palper » quelque chose de tangible. Souvent, les jeunes coachs sont réticents à ce sujet : « Il n'est pas question de commencer à faire du coaching tant que je n'ai pas de signature ! » Il ne s'agit pas de donner sans retour ; mais pour recevoir, il faut donner. Déterminez ce que vous pouvez donner en vous disant : « Je n'ai pas le contrat, mais je suis un professionnel ; les intérêts de mon prospect sont ma priorité et mon propre intérêt.» Entre l'intervention du professionnel et la peur de vous faire «gruger», qu'allez-vous choisir ?

Comme dans toute prestation, le coaching repose sur l'existence d'un contrat en bonne et due forme qui concrétise une demande et une offre de manière officielle. Carlo Moiso, qui fut mon superviseur[1], disait que *« nous sommes des êtres humains avant tout »*. Si vous êtes témoin d'un accident alors que vous êtes au volant de votre voiture, quelle est la chose à faire ? vous arrêter ou pas ? Vous n'avez pas reçu de demande ferme pour secourir la personne, mais vous êtes humain. Vous pouvez intervenir gratuitement alors que le contrat n'est pas encore signé. Si vous pensez que l'assistance imprévue que vous apportez aidera votre client tout en lui montrant qui vous êtes, par ce geste noble, vous vous distinguerez de la concurrence. De nombreux coachs expérimentés agissent ainsi. L'engagement et la passion dès la première rencontre (ou dans la relation avec le client) impliquent de travailler sur une problématique que présente votre prospect pendant qu'il s'entretient avec vous.

En respectant la déontologie de votre métier, vous remarquerez que le comportement que vous décidez d'adopter consolide les liens entre vous et votre client. Il favorise l'accélération du processus de son engagement.

Dès que l'on entre dans le cadre du coaching, sous la forme d'une simple démonstration ou en s'impliquant dans la réso-

---

1. Né en 1945 à Rome, Carlo Moiso, psychiatre et psychothérapeute TSTA (Teaching/Supervising Transactional Analyst), nous a quittés le vendredi 28 novembre 2008. Prix Éric Berne en 1987, la plus haute distinction en analyse transactionnelle, pour son travail sur le transfert et les États du moi, il est l'auteur de nombreux ouvrages dont *Retour aux sources* coécrit avec Michele Novellino. Il fonda l'Association italienne d'analyse transactionnelle, après avoir introduit cette discipline dans ce pays. J'ai eu le privilège de travailler avec lui. Son enseignement, sa présence, son humanité, son humour me manquent et il reste pour moi un constant modèle.

lution d'un problème mineur, on s'éloigne de l'aide. La preuve ? Vous ne donnez pas de conseil, vous ne dites pas au prospect ce qu'il doit faire. Vous l'interrogez de sorte que vos questions contribuent à clarifier dans son esprit des éléments qui étaient flous ou ignorés. Il vous arrivera même, et cela vous surprendra sans doute, qu'un prospect vous demande comment faire pour choisir un coach. Dans une telle situation, la meilleure façon de lui répondre est de lui montrer ce que les coachs sont capables de faire et comment vous vous y prenez.

Ainsi les aspects relatifs à l'attention, à la qualité du contact, au positionnement méritaient-ils d'être développés. En l'absence d'un produit physique qui puisse, par sa présence, emporter la décision d'achat, le seul atout que vous ayez est le brio avec lequel vous êtes capable d'entamer une relation fructueuse et de rendre l'alliance avec votre coaché la plus profitable possible. Vous devriez désormais mieux appréhender la question du chapitre 1 ci-dessus : « Se vendre ou se faire acheter ? Une question de posture. »

EXERCICE 14

Vous pouvez, si vous estimez en avoir besoin, vous exercer dans des mises en situation virtuelles à l'aide d'un ami qui jouera le rôle du prospect. L'idéal serait de trouver une personne qui puisse agir envers vous comme un coach, qui soit capable de vous dire ce qui va et ce qui a besoin d'être corrigé dans vos exercices de présentation et de négociation. Le but de tels exercices est d'améliorer votre mise en relation avec vos futurs clients et le déroulement de vos entretiens.

Commentaires	
Cas 1	+
	−
Cas 2	+
	−

Chapitre 6

Le « système client »

> *« Il n'y a qu'un patron : le client. Et il peut licencier tout le personnel, depuis le directeur jusqu'à l'employé, tout simplement en allant dépenser son argent ailleurs. »*
>
> Sam Walton

Nous savons tous ce qu'est un client, du moins nous le croyons. Dans l'optique du marketing, il peut être intéressant de rappeler quelques notions fondamentales dont la connaissance succincte apportera un regard pratique sur le sujet. Tentons d'analyser les facteurs qui régissent les règles de l'économie de marché.

Qu'est-ce qu'un client, véritablement ? C'est une entité économique qui dispose de deux pouvoirs :

* un budget destiné à acheter des prestations externes ;
* un pouvoir de choix sur la nature de ces prestations.

Hormis le pouvoir décisionnel, le budget constitue la qualité première de cette entité économique. Celle-ci peut être une entreprise, une administration, un ménage, une personne physique, etc. Dans le cas d'une entreprise ou d'une administration, cette entité économique confie le budget dont elle dispose à certains de ses membres pour acheter des prestations.

Quelle sorte de prestations ? Celles qui, après avoir été identifiées et reconnues, sont destinées à apporter des réponses à des problèmes spécifiques. L'achat sera effectué avec le concours de personnes qui ont un rôle majeur dans les prises de décision.

Les quatre acteurs du « système client »

Il est important de saisir ici le « concept client ». Nous parlons d'une organisation économique et des acteurs qui ont des responsabilités spécifiques dans cette organisation. Lesquelles ? le choix de la prestation, son achat et sa consommation, ainsi que le déroulement des actions qui vont être développées. Le « concept client » se compose de quatre catégories d'acteurs :

- les décideurs (les donneurs d'ordre) ;
- les acheteurs (les négociateurs) ;
- les bénéficiaires (les coachés) ;
- les prescripteurs (les tiers influents).

Cette liste représente la structure qui régit les jeux et les tensions s'exerçant à l'intérieur de l'entité économique lorsqu'elle est confrontée à une offre qu'elle estime intéressante. Quelles que soient la taille et la nature de la « structure client », qu'il s'agisse d'une multinationale ou d'un ménage, ces quatre facteurs sont présents et entrent en jeu systématiquement.

Le fait de connaître la nature de ces intervenants est capital quant à la réussite de votre approche commerciale et vos stratégies d'alliance.

Focus sur le décideur

Il convient de comprendre la nature des trois niveaux d'enjeux et de risques (tout aussi essentiels les uns que les autres) du « décideur », qui peut parfois jouer les quatre rôles précédemment cités.

Pour partager le même sens des mots, voici quelques définitions :

Les décideurs : dans une organisation cliente, les décideurs sont les personnes ou les groupes de personnes (responsables, comités formels ou informels) qui détiennent le pouvoir d'engager les ressources financières nécessaires à la réalisation de la prestation. Ce sont également ceux qui portent la décision des choix stratégiques relatifs à la réalisation et à la destination de la prestation de coaching ou de toute autre forme de prestation. On les appelle aussi les « donneurs d'ordre ».

Les acheteurs : ce sont les services administratifs et juridiques qui ont en charge la matérialisation et souvent la négociation du contrat, le suivi des engagements et des règlements, etc.

Les bénéficiaires : ce sont les personnes qui, dans le cadre de leur fonction, bénéficieront directement de la réalisation confiée à des prestataires de coaching ou de tout autre service.

Les prescripteurs : cette catégorie regroupe tous ceux qui ne sont ni décideurs, ni acheteurs, ni bénéficiaires, mais qui jouent cependant un rôle déterminant dans la recommandation ou la prescription de l'offre. On peut les appeler les « experts », les « influenceurs », les « leaders d'opinion », les « amis proches », etc.

Les enjeux et les risques sont :

* enjeux et risques professionnels ;
* enjeux et risques économiques ;
* enjeux et risques personnels.

Pour chaque décision prise par le « décideur », celui-ci met en jeu sa réputation professionnelle, personnelle, et les finances de l'entreprise. L'entreprise attend de lui que sa capacité de discernement en fonction de critères définis soit sans faille.

Pour chaque contrat de coaching ou autre prestation, le « décideur » doit s'assurer des résultats visés (résolution de problème, réponse à un besoin spécifique, retour sur investissement), et surtout que le processus de choix et de décision de l'entreprise dont il est le représentant ne puisse pas être remis en cause par la non-atteinte des objectifs.

Si, par chance, vous avez obtenu le « contrat » (entendre la « confiance »[1] du décideur), et que vous réussissez votre mission avec « brio », alors vous voilà bien parti pour répondre aux futurs besoins de prestations et, nous l'espérons pour vous, pour longtemps…

Dans le cas contraire, ce qui peut aussi arriver à n'importe qui et ce, pour toutes les raisons du monde, sollicitez un feed-back et analysez ce qui s'est passé… C'est encore un bon moyen d'évoluer et d'avancer.

---

1. Voir dans chapitre 3 ci-dessus « L'acte de vente : un contrat de coopération », « Les « 6 C ».

Chapitre 7

Synthèse : le trio infernal

« Il faut toujours que, de la tête au cœur,
l'itinéraire soit direct. »

Yehudi Menuhin

Sans doute est-il nécessaire, à ce stade, de procéder à une petite synthèse de tout ce que nous venons de voir. Au cours de la lecture de cet ouvrage, vous vous êtes aperçu, nous l'espérons du moins, que la commercialisation du coaching est un type de vente spécifique. Vous avez découvert la nécessité d'être en même temps le produit et celui ou celle qui vend ce produit. Vous avez convenu avec nous que votre aptitude en cela détermine votre réussite. Vous voilà convaincu de l'importance qu'il y a à être un « produit achetable », à assumer cette notion nouvelle qui est, il est vrai, un peu plus complexe que celle qui consiste à être simplement un « produit vendable ». Tout cela étant intégré, reste alors une chose décisive : comment parler de vous ?

Cela est moins difficile qu'il n'y paraît, dans la mesure où vous avez progressivement enregistré les informations exposées dans ce livre et effectué les exercices d'application qui y sont liés. Maintenant que vous avez appris à parler de vous, la suite logique consiste à vous inspirer de ces éléments pour exprimer à vos futurs interlocuteurs ce que vous êtes et ce que vous faites de manière cohérente et compréhensible.

Il suffit de reprendre l'ensemble des notes concernant les exercices antérieurs :

- « Le coaching et moi : qui suis-je ? »
- « Brandissez votre étendard ! »
- « ÊTRE PRÊT. »
- « Votre histoire est unique. Racontez-la ! »
- « Se vendre ou se faire acheter ? Une question de posture. »
- « Quel est votre niveau de confiance personnelle ? »
- « L'acte de vente : un contrat de coopération. »
- « Comment gérer le premier contact ? »

Et ce que vous trouverez dans la partie III :

- « Devenez un "produit achetable". »

Je vous recommande de mettre en pratique l'esprit de ces différentes rubriques pour parfaire votre présentation.

Les questions auxquelles vous êtes invité à répondre dans les deux exercices suivants ont pour but de vous aider à parler de vous de manière sûre, détendue et efficace. En un mot, de façon professionnelle. Vous verrez que si vous maîtrisez parfaitement votre « sujet », si vous êtes habité par une conviction élevée vous concernant et que vos ambitions sont clairement définies, vous n'aurez aucun mal à vous présenter. Si vous en ressentez le besoin, relisez les parties précédentes, ne serait-ce que pour vous rafraîchir la mémoire. Rappelez-vous l'importance des points tels que : « Pour bâtir une activité professionnelle stable et florissante, il est nécessaire de la considérer comme une ambition personnelle à part entière », ou : « Comment ce projet me fait-il vibrer ? », ou encore : « Répond-il à un idéal qui me transporte ? », etc.

L'exercice 15 est préparatoire à l'exercice 16, lequel consiste à rédiger votre présentation. Dès que vous êtes satisfait de votre rédaction, demandez à une personne de confiance de vous écouter. Retravaillez votre exercice jusqu'à ce que vous atteigniez une maîtrise parfaite de votre présentation, dans la forme et dans l'expression, et qu'elle vous semble « évidente », comme allant de soi. Cette personne jouera pour vous le rôle d'un « coach ». Elle devra se mettre dans la peau d'un acheteur que vous avez convaincu de rencontrer. Elle vous questionnera et vous corrigera patiemment sur des points spécifiques et précis (évitez les généralités). Elle devra relever un par un vos points faibles avant de passer au point suivant. Lorsque votre ami « coach » se sentira convaincu par vous ou manifestera un vif intérêt pour votre présentation, qu'il aura le sentiment de vouloir en savoir plus sur vous, ce sera gagné : l'exercice sera réussi. L'idéal serait que votre ami coach ait lu cet ouvrage auparavant.

EXERCICE 15
Répondez aux questions suivantes. Vous n'êtes pas obligé de remplir toutes les rubriques la première fois. Autorisez-vous des pauses, reprenez l'exercice à un autre moment, appliquez-vous de manière à être totalement satisfait de vos réponses. Répondez à chaque question.

Questions	Réponses	Observations
Comment parler de « moi » ?		
Qui est ce « moi » que je suis prêt à vendre ?		
Quels sont les paramètres importants qui m'attirent dans ce métier ?		
Qu'est-ce qui fait la différence entre moi et les autres coachs ?		

Questions	Réponses	Observations
Quelles sont mes spécificités ?	1. 2. 3.	1. 2. 3.
Quels sont mes compétences, mes talents qui me permettront de répondre aux besoins de mes clients ?		
Qu'est-ce qui, chez moi, donnera l'envie de m'acheter ?		
Quel est mon style de coaching ?		
Dans cette activité pour laquelle je suis motivé, qu'est-ce qui est lié à mes projets de vie ?		
Qu'est-ce qui m'inspire globalement ?		
Qu'est-ce que je veux apporter à cette activité ? Et comment ?		
Qu'est-ce qui, pour moi, est génial, acceptable dans cette activité ?		
Qu'est-ce qui ne l'est pas forcément, mais qui m'attire néanmoins ?		
Quels sont mes limites, mes freins, mes peurs ?		
QUEL COACH SUIS-JE ?		
QUEL PRODUIT SUIS-JE ?		
Autres…		

EXERCICE 16

Rédigez maintenant votre présentation en tenant compte des réponses et des analyses apportées dans l'exercice précédent. Votre présentation doit être une histoire, un « *pitch* » reprenant les principales étapes de votre parcours personnel et professionnel. Mais cette histoire doit être adaptée à votre marché, elle doit intégrer la notion de produit et être spécifique à l'interlocuteur qui est votre acheteur potentiel. Rappelez-vous le travail que vous avez effectué dans l'exercice 6 au chapitre 4 « Votre histoire est unique. Racontez-la ! ». Ne mettez un terme définitif à cet exercice qu'au moment où vous êtes satisfait de votre présentation écrite.

Votre présentation
Vos réflexions et commentaires
Vos modifications (éventuellement des corrections suggérées par votre « coach »)

Partie III

Le marketing du coach

*« Gutenberg n'a pas attendu le développement
du marché du livre pour inventer l'imprimerie. »*

Nicole Notat

Chapitre 1

Introduction au marketing

« Là où se trouve une volonté, il existe un chemin. »

Winston Churchill

Il n'existe pas, aujourd'hui, un secteur économique où la compétition ne soit rude. Les activités de services n'échappent pas aux contraintes du marché. La loi de l'offre et de la demande, sur laquelle repose l'économie libérale, impose, qu'on le veuille ou non, ses règles qui, lorsqu'elles sont ignorées ou non respectées, conduisent à l'échec à plus ou moins longue échéance. Quelles sont ces règles ? Est-il possible de les connaître ? Existent-elles au niveau individuel, dans le contexte du professionnel indépendant que vous êtes ? Cela ne fait aucun doute.

En tant que coach débutant, vous êtes un acteur économique qui se lance dans la conquête d'un marché, aussi modeste soit-il comparé à la taille des marchés que visent les cabinets et les grands groupes. Même à votre niveau, vous n'êtes pas seul sur ce marché et dans votre spécialité. Vous aurez donc affaire à une concurrence. Il est alors primordial de connaître les facteurs qui conditionnent dès le départ votre prospérité future. Il en existe trois, de nature fondamentale et d'une importance capitale :

1. Vos produits (ou vos services) répondent-ils à une demande, à un besoin ?
2. Vos offres conviennent-elles mieux à vos clients potentiels que celles de vos concurrents ?
3. Ces offres sont-elles mieux vendues que les autres, qui leur sont similaires ?

La réussite d'une entreprise ou de toute activité économique s'appuie en partie sur la connaissance de son marché. L'analyse du marché et la stratégie de vente qui en découle entrent dans le cadre du marketing. Aussi est-il nécessaire de comprendre cette notion de « marketing ». Qu'entend-on par ce terme ? Il s'agit d'un ensemble de méthodes, d'analyses, d'études, d'une stratégie et d'une dynamique d'actions relatives à un marché, accompagnés d'une compréhension des modalités de fidélisation de ce marché.

De manière globale, la démarche marketing consiste à :

- concevoir, déployer et piloter les conditions générales du succès commercial à court, moyen et long terme ;
- assurer la profitabilité et la pérennité visées.

Le rôle du marketing dans une économie de marché est d'organiser un échange volontaire et concurrentiel, de manière à assurer une rencontre efficiente entre l'offre et la demande de produits ou de services. Cette rencontre, qui n'est pas spontanée, réclame l'organisation d'activités de deux types, matériel et informatif, entre producteurs et acheteurs :

- l'organisation matérielle de l'échange, c'est-à-dire des flux physiques de biens matériels ou immatériels, depuis le lieu de production jusqu'aux lieux de consommation ;
- l'organisation de la communication, c'est-à-dire des flux d'informations qui doivent précéder, accompagner et

suivre l'échange afin d'assurer et de pérenniser une rencontre réelle entre l'offre et la demande.

Voilà résumées en quelques mots les notions fondamentales sur lesquelles repose toute activité commerciale en termes de marketing. Voyons maintenant comment elles peuvent être mises à profit à l'échelle du coaching.

Chapitre 2

Devenez
un « produit achetable »

« Dans les rêves commence la responsabilité. »

William Butler Yeats

Vous appartenez à la catégorie des professionnels dont le cœur de métier se résume à vendre et à fournir des services intellectuels. L'offre de « matière grise » que vous proposez vous confronte en permanence à un principe de réalité que vous devez prendre en compte, sous peine de rencontrer des difficultés. Quels que puissent être votre désir de bien faire, votre éthique, votre déontologie, votre capacité à être compétent dans vos rapports avec votre clientèle ou les efforts que vous déployez pour mener à bien vos missions, vous ne pourrez pérenniser votre emploi qu'à une condition : vous « penser », économiquement parlant, comme un « produit ».

Considérons qu'un prestataire de services est un « produit » sur son marché. Selon ses compétences, il sera un produit acceptable, « vendable », « achetable »... ou bien indésirable.

Or, accepter que l'on soit un « produit » de marketing a de quoi « chatouiller » les sensibilités et provoquer une vive réaction d'amour-propre. D'ailleurs, cette notion a tendance à indisposer les coachs débutants, qui la considèrent souvent au premier degré. Sans doute parce qu'elle remet en question la propre qualité d'être humain du coach dans sa relation à lui-même et aux autres, connotant l'idée d'un objet sans âme et sans conscience, manipulable entre les mains de clients impatients de savoir ce qu'il vaut.

Cette notion de « produit », si éloignée de l'idéal, et terriblement terre à terre, a jeté plus d'un débutant dans la confusion. Pourtant elle est capitale dans l'évolution de ses affaires. En effet, le fait d'accepter de se prendre pour un « produit » comparable à d'autres produits clarifie sa position sur le marché. Cette manière de voir les choses, de se voir soi-même, permet de se rendre compte que l'on a « un prix », une « valeur marchande ». Elle permet de formuler des arguments clairs, et de préciser de façon objective la raison pour laquelle on doit vous « acheter » vous, plutôt qu'un autre coach. Cette idée va même plus loin ; elle justifie la nécessité pour vous d'élaborer et de mettre en œuvre des techniques de marketing efficaces pour que votre téléphone sonne et que votre agenda se remplisse… et ne désemplisse plus.

Alors que s'approche le moment de vous lancer, cette réalité du « produit » est indispensable. Dès que vous l'aurez acceptée, vous serez à même de porter un jugement positif et serein sur votre savoir-faire. Vous progresserez avec plus de justesse dans le choix de votre projet de vie. Au-delà de la qualité spécifique de votre coaching et de vos compétences dans votre pratique, cette réalité du « produit » augmentera votre capacité à vivre le métier que vous avez choisi. Plus cette réalité sera présente pour vous, plus votre marché potentiel sera facile à approcher et à pénétrer.

Très souvent, la difficulté majeure qui peut faire obstacle à la décision de se lancer dans l'activité du coaching sur le terrain se résume à : « Comment vais-je trouver mon premier client payant qui va me permettre de concrétiser mon rêve et de le pérenniser ? » Cette inquiétude se traduit également ainsi : « Je suis un nouveau produit à lancer sur un marché, que dois-je faire ? » Ce livre est conçu dans une optique pratique. Son but est de vous aider à structurer votre projet et à réaliser vos buts. Comment répondre à cette question de manière satisfaisante ? Comme nous le constatons, la formulation du mot « produit » évoque directement les services de coaching que vous êtes prêt à offrir. Cette réflexion aboutit au concept de marché. « Je suis un nouveau produit… Je dois commencer à employer des systèmes de marketing simples, et les adapter au monde du coaching. » Le produit (ou le service) n'existe, en effet, que dans la mesure où il est disponible, où il est visible sur le marché et **où il est acheté**. Tant que le produit n'est pas acheté ou négocié au bon prix, il n'existe qu'en termes d'idée.

« Moi » être humain, et « moi » produit

Non seulement cet exercice requiert un effort de réflexion, mais il incite à surmonter les réactions émotionnelles susceptibles de perturber cette réflexion. La notion de produit est provocatrice et va à l'encontre des notions habituellement admises. Lorsque les stagiaires la découvrent, leur réaction est de se dire : « J'étais capable de "vendre mon entreprise" quand j'étais salarié parce qu'il y avait un nom derrière lequel je pouvais me projeter. Je n'étais pas l'entreprise… Mais là, ce que vous me demandez… » L'effort sur soi-même que cela nécessite, le temps passé à « digérer » cette information vous aideront à y voir plus clair. Rappelez-vous le rôle que joue l'étendard personnel. Posséder son étendard contribue à donner un nom et une identité à son projet et au produit que vous êtes, car il s'agit de se vendre soi-même. Pour résoudre ce dilemme, opérez en vous une distinction entre ces deux

notions proches : « **moi, coach** » et « **moi, produit coach** ».
Vous l'avez compris, vous devez apprendre à porter deux
casquettes, ou deux costumes…

C'est plus simple qu'il n'y paraît. Vous, Madame, ou vous,
Monsieur, êtes un être humain doué de qualités et d'une
personnalité propres. Il existe aussi une Madame X ou un
Monsieur Y « produit », capable de se vendre en termes de
compétences.

> Comment vous, Nathalie, ou vous, Raymond, entités humaines,
> vous « situez-vous » ?
>
> Et comment vous « vendez-vous » en tant que produit ?

Il se peut que ces questions vous obligent à opérer mentalement un « *switch*[1] ». Si vous restez au niveau émotionnel du
« moi, moi », vous aurez des difficultés à y arriver car vous
aurez l'impression de vous vendre en tant qu'être humain, et il
ne s'agit pas de cela. Bien sûr, vous allez mettre dans votre
« produit » ce que vous êtes en tant qu'être humain. Mais si
vous vendez ce que vous êtes capable de donner en termes de
coaching ou les avantages que procurent vos services, vous
parlez moins de vous que de vos compétences. Vous êtes donc
bien sûr un « axe produit », selon le jargon du marketing. Les
gens réagissent à cela en s'exclamant : « Mais non, je suis
moi ! » Quand vous aurez surmonté ce malaise, vous pourrez
aisément voir la différence entre « moi », l'être humain, et
« moi », le produit qui a des compétences à mettre au service
d'une autre personne. Résultat : vous pourrez apprécier ce que
vous valez sur votre marché.

---

1. Changer mentalement de place, en programmant ainsi des instructions de
   postures et d'actions différentes.

Chapitre 3

Votre position
sur le marché du coaching

« Ne crois pas que tu t'es trompé de route
quand tu n'es pas allé assez loin. »

Claude Aveline

Nous avons vu, au début de ce livre, qu'une difficulté spécifique empêchait la plupart des coachs débutants de se lancer dans leur nouveau métier. Cette difficulté à s'engager dans les contacts et dans les premières interventions vient du sentiment de ne pas être totalement prêt. Leur formation terminée, ils doivent se mettre sans tarder à la recherche de leur premier client. Mais, arrivés au pied du mur, nombre d'entre eux hésitent et s'interrogent : « Suis-je vraiment prêt ? » La découverte d'un métier prometteur comme le coaching et l'enthousiasme qu'ils ont à son égard ne sont pas suffisants pour qu'ils se jettent à l'eau en toute confiance.

C'est qu'il leur reste à valider leur « positionnement » sur le marché et leur connaissance des diverses facettes du métier. On peut alors décider, sans trop de difficultés, quel type de coaching l'on souhaite exercer : « Je désire faire du life-coaching ou du coaching en entreprise ? » En réalité, la réponse réside dans ce choix et se résume à : « Qu'est-ce que je veux vendre ? Et qu'est-ce que j'ai à vendre ? », « Comment est-ce que je commence ? », « Où trouver mes premiers clients ? ». Vous verrez que ces interrogations sont en grande partie communes à tous les créateurs d'entreprise.

Réactivez votre ancien réseau de professionnels

Au moment de se lancer, les coachs omettent la plupart du temps d'utiliser le contexte d'origine dans lequel ils ont évolué. Ils ne s'imaginent pas qu'ils possèdent déjà, avant même de commencer, un réseau de relations professionnelles qui date de l'époque où ils exerçaient leur métier précédent. Ils manifestent une sorte de pudeur ou souffrent d'un blocage qui les empêche d'annoncer dans leur ancien réseau qu'ils se sont formés et sont devenus coachs. Cela paraît pourtant simple ! Il suffit d'aller revoir ou d'appeler ses anciens collègues pour leur parler de son nouveau métier. La suite est alors logique : qui a besoin de coaching parmi mes anciens collègues ? Qui souhaite se faire coacher ? Même s'ils ont du mal à franchir ce pas, il est capital pour les coachs débutants de réactiver le réseau « dormant » qu'ils possèdent. Ils s'apercevront, à l'examen, qu'il contient une véritable mine d'activités. De plus, ce réseau possède une grande valeur puisque le nouveau coach y est normalement toujours connu : c'est le plus réactif des réseaux qu'il puisse avoir à ses débuts.

Ce groupe d'anciens collègues de travail forme le premier cercle dans l'ensemble des réseaux que le coach sera appelé à créer par la suite. Il s'agit d'un réseau de professionnels, formé de personnes connues, dont certaines sont susceptibles de devenir des prospects. C'est d'ailleurs souvent dans ce groupe de personnes que le coach débutant trouvera de l'aide pour se lancer et obtenir ses premières commandes. Mais le fait qu'il ne pense pas à aller à leur rencontre, ou freine des quatre fers à l'idée de les contacter, tient à une absence de confiance dans son positionnement, dans sa légitimité ou sa crédibilité.

Capitalisez sur votre expérience passée

Certains coachs considèrent l'idée de reprendre contact avec leurs premiers prospects potentiels comme un trop grand risque, quelque chose de difficile, de dangereux même. Ils craignent de rater leur présentation et de gâcher alors toute possibilité ultérieure de faire avec eux du bon travail. Voilà une des raisons majeures pour laquelle il est souhaitable de s'attarder sur les exercices de présentation précédents. La seule chose qui semble pouvoir aider un débutant à surmonter la crainte de revoir ses anciens collègues est de réactiver son sentiment d'appartenance à leur groupe, puis de renouveler les liens qu'il y avait tissés, et enfin de partager son histoire professionnelle, voire personnelle.

Cette ancienne expérience lui donnera l'assurance nécessaire pour franchir le Rubicon. C'est une expérience vécue, qui n'a été ni imaginée ni inventée. Tout coach débutant sait qu'il a une histoire, une expérience et un savoir-faire qu'il peut partager. Cela constitue un socle sur lequel il peut s'appuyer. S'il acquiert une certitude plus grande de posséder cette expérience professionnelle, s'il est convaincu de n'être en aucune façon un débutant dans le monde de l'entreprise et du travail, ses craintes diminueront. Cela l'aidera à enrichir son apprentissage du métier de coach et facilitera ses premiers contacts. Il arrive souvent que le coach débutant ait eu une « casquette » dans l'entreprise où il travaillait. Avant d'en avoir changé, il était manager, directeur commercial, directeur d'un service, directeur des ressources humaines, etc. Il avait un rôle plus ou moins important dans l'entreprise. Pourquoi mettre cela de côté ? Il devrait, au contraire,

étayer sa nouvelle activité en s'appuyant sur le professionnalisme qu'il a acquis dans le passé.

Certaines personnes comprennent tout de suite l'atout qu'elles
possèdent. Pour d'autres, c'est plus compliqué. La majorité des
personnes que nous rencontrons dans nos stages et dans nos
fédérations professionnelles se désolent en disant : « Je n'ai pas
de réseau ! », « Je ne connais personne ! ». Comme nous
l'avons vu, la véritable question est : « Comment trouver mon
premier client ? » Cette anxiété à propos du « premier client »
semble cristalliser toute l'attention du débutant. Elle agit
comme un élément clé dont dépend la réussite ou l'échec. Le
plus étrange est de constater que ce « premier client » est rarement le plus difficile, alors que le deuxième ou le troisième
sont parfois plus problématiques.

Il peut être quelque peu intimidant d'avoir à présenter aux
gens le service que l'on propose, alors que l'on n'a encore
jamais eu l'occasion de le livrer dans le monde réel. Cela peut
créer en soi une sorte d'inhibition. La résolution de cette difficulté réside dans les deux points :

1. S'appuyer sur son expérience passée ;

2. Augmenter l'enjeu que représente son nouveau métier.

Ces deux éléments sont aussi capitaux l'un que l'autre.
S'appuyer sur son expérience passée consiste, pour le coach, à
se remémorer les succès qu'il a eus dans son ancienne profession, et à leur redonner mentalement toute leur importance.
Cette remémoration a un rapport direct avec la rédaction de
son histoire personnelle. Peut-on se rappeler ce qu'on a réussi ?
Bien sûr ! Peut-on se rappeler comment on l'a réussi, dans
quelles circonstances ? Oui ! Peut-on retrouver les sensations
que l'on éprouvait au moment où l'on rencontrait ces succès ?
Naturellement ! Il est extrêmement gratifiant de revoir en
détail les moments de réussite passés et d'en rafraîchir les
souvenirs dans le temps présent. Aucun coach débutant ne

devrait ignorer cette aptitude mentale. Quant à l'enjeu de votre nouveau métier, revoyez votre étendard et les réponses que vous avez données dans les exercices sur les niveaux logiques de Dilts.

Clarifiez votre positionnement

Pour être en mesure d'appréhender le marché avec succès, il est nécessaire de se positionner par rapport à lui. Nous avons traité cette idée sous un autre angle dans une rubrique précédente. Lorsque l'on considère le marché que l'on souhaite conquérir, il est capital de ressentir en soi une grande certitude à propos de ce que l'on est et de ce que l'on fait. Cela est lié directement à l'identité professionnelle et à l'identité « produit ». Ce positionnement intime influence la fierté que l'on a de soi. On peut être champion de la vente dans une entreprise qui nous emploie, mais, dans un tel cas, on ne se vend pas soi-même, on vend des produits que l'entreprise fabrique ou commercialise. Or, comme nous l'avons vu, en tant qu'indépendant, il faut se vendre soi-même, avec ses idées, son aspect physique, son mental… Cela peut être difficile pour certains d'entre nous.

Votre position mentale doit donc aboutir à la notion de « produit ». On peut ne pas se vendre en tant que soi, mais on peut vendre la société que l'on représente. On est, dans ce cas, son meilleur représentant. Voilà pourquoi il est généralement conseillé d'utiliser un nom différent de son nom propre pour son activité. Cela vous évite d'avoir le sentiment de vous vendre personnellement et de vous trouver impliqué intimement dans les mauvaises expériences de la vente. Ce décalage vous aide à garder du recul. Ainsi, lorsque vous vous présentez devant un prospect, et que vous êtes en situation de vente, vous présentez votre société et votre produit avec le meilleur ambassadeur qui soit au monde : **vous !** Les coachs qui parviennent à réaliser ce tour de force sont moins impres-

© Groupe Eyrolles

sionnés et se trouvent plus engagés dans ce qu'ils font. Cette astuce contribue à un positionnement correct de soi sur son marché.

Chapitre 4

Mesurez l'enjeu de la concurrence à votre niveau

« C'est la concurrence qui met un prix juste aux marchandises et qui établit les vrais rapports entre elles. »

Montesquieu

Lorsque vous aurez lancé votre activité, vous croiserez tôt ou tard des concurrents. Certains d'entre eux sortiront de la même école de coaching que vous. Sans doute éprouverez-vous un grand plaisir à les revoir. Une fois dans l'arène, vous vous apercevrez que certains comportements ont évolué. Vous voilà sur le même marché, à offrir aux mêmes prospects différentes offres de coaching, et parfois les mêmes. Le jeu voudra que chacun d'entre vous s'efforce d'emporter le marché. On ne vous fera pas de cadeau et vous n'en ferez pas. C'est la règle. Vous ferez connaissance avec des concurrents dont vous ignoriez jusqu'alors l'existence. Vous conviendrez tacitement de laisser à vos clients le choix de leur futur coach, celui qui correspondra le mieux à ce qu'ils recherchent. Cela fait partie de l'acceptation de votre métier. Il arrivera que vous ne soyez pas retenu. Vous vous demanderez pourquoi. La raison ne sera pas toujours que vous n'avez pas été performant dans votre approche commerciale ou que vous ne possédiez pas les compétences requises. Il s'agira simplement d'une mauvaise adéquation entre le client et vous, résultant de la perception intuitive sur laquelle il se sera fondé pour prendre sa décision définitive. Il va sans dire cependant que sa perception des « 6 C »[1] aura eu son mot à dire dans le sort qu'il aura réservé à votre négociation.

En réalité, vous n'êtes pas moins compétent, moins digne de confiance que le concurrent qui aura été retenu. Cet échec peut être difficile à vivre lorsqu'on se dit : « Ce serait bien que j'aie ce contrat pour gagner ma vie. » Mais votre déception sera d'autant vite oubliée que vous profiterez de ce refus pour vous demander : « Qu'est-ce que je peux apprendre de cette situation ? », « Qu'est-ce que je n'ai pas fait que l'autre a fait ou dit, qui a fait la différence ? ». C'est en ce sens que l'on peut accepter avec une plus grande liberté le jeu de la concurrence. Il est probable que vous ne sachiez jamais ce que le concurrent a fait ou dit pour emporter le contrat. Mais lorsque vous essuyez un refus, repassez en revue la séance ou le rendez-vous que vous avez eu et voyez ce qui a « cloché ». Voilà un axe de travail que vous devrez approfondir avec votre superviseur. Si toutefois vous n'en avez pas, mais si vous êtes affilié à une fédération de coachs, demandez à vos pairs de vous donner du « feed-back » sur votre prestation. On pourra certainement organiser à votre intention une séance d'entraînement au cours de laquelle vous vous remettrez en condition et où vous identifierez vos points d'efforts. Ce travail est très utile, tant sur le plan professionnel que sur le plan moral ! N'oubliez pas non plus de valider régulièrement vos points forts !

---

1. Voir partie II, chapitre 3 « L'acte de vente : un contrat de coopération ».

Votre positionnement est aussi dans la tête de votre client

Lorsque vous suiviez votre formation de coaching, vous étiez impliqué dans une forme d'alliance tacite avec les autres participants qui étaient vos partenaires. Vous faisiez partie d'une communauté de stagiaires solidaires, coalisés en quelque sorte contre le monde réel du coaching qui était encore étranger, avec ses lois, ses principes économiques, ses aléas. Pendant votre formation, le regard de l'un ou de l'autre de vos partenaires jouait comme une sorte d'émulation. On vous aidait, les faiblesses de l'un vous servaient de comparaison, l'habileté de l'autre était pour vous comme un exemple à suivre, il vous arrivait de soutenir les idées d'un autre. Vous avez profité de cette alliance passive pendant l'apprentissage pour vous étalonner, prendre la mesure de vos potentiels, décider de la manière avec laquelle vous agiriez dans le futur, face à telle situation. Cette émulation n'est aujourd'hui plus la même et vous avez besoin de trouver une nouvelle posture face à vos concurrents. Vous voilà maintenant hors de cette alliance tacite, laissé à vous-même dans ce monde où évoluent des concurrents connus et inconnus. Il vous appartient de savoir créer de nouvelles alliances.

Cela devient possible en étant clair avec vous-même et votre projet, en réfléchissant et en mettant en pratique tout ce que vous avez lu dans ce livre. Les éléments essentiels se résument à ceci : sachez qui vous êtes, ce que vous faites, qui sont vos clients, quelles connaissances vous avez des besoins spécifiques de l'entreprise, de la mission ou de la personne que vous rencontrez, ainsi que les modalités de la pratique que vous incarnez, vos principaux concurrents et en quoi vous vous différenciez d'eux.

Ce positionnement est si important qu'on le trouve aussi dans la tête du client. Lorsque vous lui ferez face, il évaluera comment vous vous « placez » par rapport à ce qu'il attend d'un coach. C'est lui qui va vous jauger, en fonction de vos compétences. Il vous positionnera sur le marché des coachs qu'il va rencontrer, en fonction de ses propres représentations. Nous insistons sur la nécessité de procéder, dans la préparation qui précède la rencontre avec le client, à une analyse précise de chaque élément que nous venons de voir. Avez-vous réfléchi à ce que vous allez représenter dans l'esprit du client ? Par exemple, sur une échelle de 0 à 10, quel impact avez-vous ? Que pouvez-vous faire pour augmenter cet indice ? C'est cela qui contribuera à vous démarquer positivement de la concurrence.

Votre interlocuteur est comme un miroir dans lequel se reflète la qualité de votre positionnement sur le marché du coaching. Ce qui émane de vous est perçu par lui. Comme nous l'avons déjà dit, la difficulté dans la vente de services réside dans l'absence de produit tangible, physique, palpable. Il est nécessaire de combler ce vide par une idée, une « accroche », une « impression forte » pourrait-on dire, aussi réelle qu'un objet matériel. La réalité émotionnelle de votre interlocuteur ne doit pas être ignorée. Il est tout à fait possible d'obtenir une qualité de communication élevée à condition d'être parvenu à un degré suffisant de certitude et de confiance en soi. Face à votre acheteur, vous percevez votre « impact compétences ». Après votre présentation, vous pouvez l'interroger sur les avantages qu'il pourrait avoir à travailler avec vous. Cela aussi contribuera à vous différencier de la concurrence. Plus votre positionnement sera clair dans votre tête, pour vous-même, plus il sera évident dans le contexte où se trouve votre acheteur potentiel. Vous et nous avons été, sommes et serons acheteurs. Nous avons tous fait l'expérience peu sécurisante, en écoutant les renseignements que nous donnait un commercial sur un article qui nous intéressait, qu'il était loin d'être convaincu par ce qu'il disait et que son argumentaire de vente « fuyait de tous les côtés ». Avez-vous acheté l'article ?

Votre responsabilité est d'entrer dans l'univers du prospect, de vérifier s'il a bien perçu ce que vous êtes, ce que vous incarnez, si vous êtes en bonne communication avec lui. Et de faire votre possible pour établir un pont de communication entre vous et lui sur lequel fonder un vrai terrain d'entente.

Ne cherchez pas à tout prix à créer et à promouvoir une position nouvelle dans votre nouveau métier de coach. Vous n'avez pas encore l'expérience suffisante dans cette activité pour l'ériger à la manière d'une « panacée ». Ce qui est susceptible d'intéresser l'entreprise ou le particulier en premier lieu n'est pas tant la nouvelle idée, le nouveau concept, la chose originale qui n'a pas été expérimentée, que les compétences et l'expérience acquises. Celles-ci doivent s'appuyer sur du solide, en rapport avec les besoins et les motivations du prospect, comme l'expose le modèle « SIC-SIC »[1]. Soyez à même de démontrer que vous êtes capable d'apporter une solution efficace à une problématique présente. Prenez en compte votre expérience, valorisez-la et capitalisez dessus en fonction du contexte.

Inspirez votre prospect !

L'idéal, dans la rencontre avec votre acheteur éventuel, c'est qu'il vous quitte en ayant l'envie exclusive de faire affaire avec vous. Il n'existe pas de meilleur moyen de fermer la porte à la concurrence. Si vous êtes en mesure de susciter cet état d'esprit, ce désir, cette décision de travailler avec vous et rien qu'avec vous, qu'importe la concurrence ! Qu'on le veuille ou non, l'acte d'achat a toujours une part de subjectivité incontrôlable. Certains disent que l'achat comporte en partie un côté instinctif. C'est certainement vrai puisque cet acte est tributaire du caractère humain. Cependant, n'oubliez pas que

---

1. Voir partie II, chapitre 1 « Atteindre la performance commerciale ».

les clients passent systématiquement les offres qu'ils reçoivent au crible de leurs critères : quel type de femme (ou d'homme) je recherche ? Quel type de compétences ? Quel est mon problème ? Quel est le parcours de ce coach ? Comment se positionne-t-il ? Quel est son niveau ? Quelle école de coaching a-t-il fait ? Quelles sont ses références ? Sa réflexion devrait vous être familière, vous devriez même l'intégrer dans votre préparation et votre présentation.

À cela s'ajoute, il est vrai, un élément moins rationnel, plus instinctif, que vous apprendrez, avec l'expérience, à exploiter pour surmonter ses dernières indécisions. Les choses se jouant souvent dans les premières minutes de la rencontre, cette part d'irrationnel a un rôle important. La « boîte de céréales », placée au milieu de dizaines d'autres boîtes de céréales, est plus colorée, a un format différent, un prix attractif, une présentation attrayante, son contenu semble plus désirable que celui des autres… et le client finit par tendre la main vers elle. Non seulement votre PRODUIT est SÉDUISANT, mais il RÉPOND à ce que le client RECHERCHE.

Chapitre 5

Apprenez à connaître
votre marché

*« L'essence de la stratégie est le choix d'accomplir ses activités
d'une manière différente de celle de ses concurrents. »*

Michael Porter

Le marché est le lieu formel ou virtuel dans lequel sont
échangés des biens et des services de diverses natures et de
diverses qualités. Par extension, on qualifie habituellement de
« marché » l'ensemble des consommateurs réels et/ou potentiels d'un bien ou d'un service. Cette définition consiste aussi à
identifier un ensemble de produits et de marques concurrents.
En ce qui nous concerne, il s'agit des cabinets de coaching, des
instituts de formation et d'autres activités similaires…

Pour connaître son marché et procéder à son analyse, il est
nécessaire de prendre en considération l'ensemble des
éléments suivants : les produits existants, les clients concernés,
actuels et potentiels, c'est-à-dire ceux qui peuvent choisir et
acheter les produits, les clients décideurs et/ou les prescripteurs, les occasions d'usage de ces produits (quels types
d'accompagnement sont demandés) et les raisons pour
lesquelles ces produits sont consommés ou pourraient l'être.

La question fondamentale se résume à savoir quel « produit » spécifique aura du succès sur son marché.

Sondez votre marché et documentez-vous à son sujet

Plus vous serez capables de connaître avec précision et certitude votre marché, plus vous connaîtrez votre cible. Nous parlons là d'études de marché. En quoi cela consiste-t-il ? L'étude de marché vise à étudier et définir l'offre et la demande d'un produit, d'une prestation. Elle doit permettre de valider le fait qu'il existe réellement une demande, une clientèle, un besoin ressenti par rapport à un produit identifié, compte tenu de la concurrence existante. Cette étude a pour objectif d'analyser les possibilités de réussite et d'échec dans la commercialisation d'un produit, et de vous aider à prendre les mesures nécessaires pour vous installer durablement sur votre marché après avoir identifié l'ensemble de ses acteurs. Certaines sociétés de sondages possèdent des données intéressantes qui peuvent vous aider à cerner les caractéristiques de votre marché. Vous pouvez, si vous le souhaitez, commander une étude de marché sur le coaching. Il existe des spécialistes dans ce domaine. Le coût d'une telle étude dépend des critères que vous souhaitez connaître.

D'autres moyens sont à votre disposition pour obtenir ces informations. L'un d'entre eux est de procéder à un ou plusieurs sondages auprès des décideurs qui sont susceptibles de représenter le marché que vous voulez pénétrer. D'autres sources d'informations entrent dans la catégorie des enquêtes documentaires. Il s'agit d'aller chercher les renseignements pertinents dans les organismes censés les détenir : les chambres de commerce et d'industrie, les fédérations professionnelles, les magazines et revues spécialisés, les livres didactiques, les experts, etc.

Dans l'exercice suivant, vous vous efforcerez d'apporter des réponses concrètes aux questions posées. Il doit vous permettre de mesurer la connaissance, la qualité de votre marché, et l'adéquation de votre offre avec les attentes de celui-ci.

EXERCICE 17

Plus vous pourrez répondre aux questions posées avec précision, mieux vous connaîtrez votre marché. Pour répondre à ces questions, vous aurez besoin de procéder à une étude documentaire approfondie. Si vous avez l'impression de ne pas pouvoir obtenir suffisamment de détails sur certaines questions, vous pouvez éventuellement effectuer des sondages auprès d'un panel de décideurs, par téléphone, e-mail, etc.

Questions	Réponses	Vos réflexions et commentaires
1. Quelle est la taille de votre marché ? (Nombre de clients potentiels.)		
2. Combien de clients pouvez-vous espérer avoir d'ici 3 mois, 6 mois, 1 an ?		
3. Quel est le niveau de l'offre sur ce marché ? Y a-t-il pénurie ou excès ?		
4. Qui sont vos concurrents directs dans votre secteur géographique ?		
5. Votre offre est-elle en phase avec les attentes du marché ?		
6. Pouvez-vous facilement vous différencier et trouver une position de « niche » ?		

Questions	Réponses	Vos réflexions et commentaires
7. Quelle est votre politique commerciale : comptez-vous traiter directement avec les entreprises, directement avec vos futurs clients, ou travailler en sous-traitance ? Peut-être optez-vous pour les trois formules ?		
8. Votre savoir-faire et votre expérience vous donnent-ils un réel avantage ?		
9. Quels sont les critères d'achat de vos clients ?		
10. Quels avantages/ bénéfices retireront vos clients de vos services ?		
11. Comment évoluent les prix ?		
12. Combien d'années d'expérience vous faut-il pour être crédible auprès de vos clients ?		
13. De nouveaux acteurs peuvent-ils apparaître à brève échéance ?		
14. Quelle a été la stratégie « gagnante » de vos principaux concurrents ?		
15. Quels sont vos « alliés » potentiels sur votre marché ?		
16. Autres.		

Partie IV

Stratégie pour ma nouvelle vie professionnelle

« Il faut faire des choses folles avec le maximum de prudence. »
Michel Mohrt

Chapitre 1

Comment démarrer ?

« Celui qui déplace une montagne commence par déplacer
des petites pierres. »

Confucius

« Ose rêver. Ose essayer. Ose te tromper. Ose avoir du succès.
Vas-y. Je te lance un défi ! »

Kingsley Ward

Lorsque l'on commence dans le coaching, il est rare de décrocher aussitôt des missions qui relèvent directement de cette activité. Les propositions que l'on obtient portent, en effet bien souvent, sur des demandes éloignées du coaching. Ces autres types de demandes constituent aujourd'hui des besoins importants pour les entreprises et requièrent d'autres compétences. Sachant cela, les coachs débutants ne doivent pas hésiter à y répondre s'ils ont les compétences requises. Leur activité ne pourra que s'en développer. Par la suite, dès qu'ils auront fait leurs preuves dans ces activités proches du coaching, et qu'ils auront un pied dans la place, ils auront certainement la possibilité d'emprunter d'autres passerelles qui existent dans le monde de l'entreprise. L'expérience acquise finit par payer, et vous trouverez des propositions d'intervention, de formation, de conseil et... même de coaching. Ce sont là les grands axes qui offrent des débouchés vers le coaching. En développant son réseau professionnel, les ouvertures vers ce que l'on souhaite faire deviennent alors de plus en plus concrètes.

Voici quelques points de repère sur les différentes interventions possibles, connexes au coaching. Nous nous inspirons du travail de Chantal Higy-Lang, consultante et psychothérapeute, pour dresser la liste suivante.

Le conseil : prestation intellectuelle, qui se traduit notamment sous la forme de constats, de préconisations et de recommandations sur les situations étudiées.

L'audit : détection d'écarts par rapport à un référentiel de normes et de performances. Il peut concerner l'ensemble de l'entreprise, une direction, une fonction...

L'accompagnement : mission d'aide ou d'appui pour la mise en œuvre de recommandations, de projets de changement...

Le bilan personnel : mise en évidence des aptitudes, des comportements, du vécu professionnel et des réalisations professionnelles.

Le bilan professionnel : mise en évidence des savoirs, savoir-faire et savoir-être de l'individu dans son environnement professionnel.

Le *training* : entraînement d'une personne et/ou d'un groupe à l'acquisition de savoir-faire et de comportements, dans le but d'améliorer les performances professionnelles.

La formation : d'une manière générale, elle consiste à transférer de nouveaux savoirs et des comportements. De plus en plus, le formateur devient facilitateur, et se centre autant sur le contenu que sur le processus d'apprentissage et de mise en œuvre des stagiaires.

Et, bien sûr, définissons aussi le coaching :

> **Le coaching** : accompagnement d'une personne à partir de ses besoins professionnels et/ou personnels pour développer son potentiel et ses savoir-faire.

La pluriactivité qui découle de ces différentes options ne dépend pas d'un choix personnel, mais repose sur la réalité. Elle répond à un ensemble de facteurs qui conditionnent ses propres revenus : le contexte économique et la demande. La question cruciale, lorsque l'on démarre, est : « Comment vais-je gagner très vite de quoi vivre ? » Cette préoccupation trouve sa solution dans des considérations pratiques et d'opportunité. L'idéal, pour le débutant tout frais sorti d'une école de coaching, est bien sûr d'avoir sans tarder une activité de coaching à plein-temps. Mais soyons francs : ce n'est pas souvent le cas. S'il est avisé, le débutant saisira toutes les opportunités d'affaires qui se présenteront dans les domaines d'activité qu'il peut assurer. Il le fera en fonction de ses compétences, de son expérience et de la demande. Ces occasions se présenteront également en fonction de la nature des réseaux qu'il aura développés et des relations professionnelles qu'il aura tissées. Au fur et à mesure des rencontres, de la progression des affaires qu'il traitera, les besoins en coaching finiront par se développer et la pyramide s'inversera. D'une situation où il avait au départ 80 % d'activité de formation, par exemple, et 20 % d'autres activités (dont le coaching), il finira par passer à 80 % de coaching avec encore un peu de formation. En général, il faudra compter au moins trois ans pour parvenir à ce ratio. C'est en effet le temps nécessaire pour établir un réseau de notoriété ou d'éligibilité suffisamment vaste pour que puisse opérer le bouche-à-oreille. Certains coachs, qui ont beaucoup de chances, reçoivent dès leur installation une importante mission qui contribue à leur notoriété, ce qui leur ouvre sans délai de plus en plus de portes. Mais, en moyenne, il faut compter trois ans avant de vraiment commencer à « tourner » à plein-temps dans le coaching.

Comment gérer l'accroissement de sa pluriactivité ?

Toutes les périodes de démarrage sont délicates. On doit apprendre à planifier les actions destinées à prospecter et à se faire connaître. On doit aussi faire face à des demandes croissantes d'informations et de sollicitations. Lorsque les affaires prennent de l'ampleur, l'augmentation du volume des demandes accroît la surcharge de travail. Le plus difficile est alors la planification de la pluriactivité qui découle de ces efforts de relations commerciales et des demandes d'intervention. Comment concilier l'ensemble ? Quels choix opérer entre les différentes options ? Les décisions à prendre dépendent surtout de l'équilibre financier recherché par le coach. Cela repose bien sûr également sur les opportunités qui se présentent. Il arrivera un moment où un coach qui a beaucoup de travail de coaching pourra se permettre de choisir entre différentes interventions.

Travailler en équipe peut être une excellente formule de départ pour parvenir à équilibrer les flux de ce trafic et monter en puissance. Si cette possibilité vous intéresse, nous vous recommandons de rester clair quant à vos intentions à long terme et de garder votre indépendance décisionnelle car la gestion de vos différentes activités, même dans un système collégial, repose sur des critères personnels. À vous de contrôler vos objectifs personnels et professionnels.

Comment se faire référencer ?

Le référencement est une pratique habituelle des grandes sociétés qui lancent régulièrement des appels d'offres en coaching. Cela peut représenter des marchés conséquents. Certains grands groupes sont coutumiers de cette forme de recrutement. Les coachs qui répondent à ces appels d'offres doivent suivre une procédure stricte. Il faut d'abord présenter un dossier de candidature[1]. Si votre dossier est retenu, vous êtes invité à passer devant un jury. Ce panel de professionnels est, la plupart du temps, composé d'acheteurs, de coachs internes, de directeurs des ressources humaines, voire de clients potentiels de l'entreprise qui ont peut-être besoin d'être coachés. Ce jury évalue les capacités de chaque candidat, l'adéquation de ses compétences avec la structure, la politique et les objectifs de la compagnie. L'acceptation de votre dossier repose surtout sur la qualité de votre entretien avec le jury, sur votre aptitude à vous adapter à la nature de l'organisation, au travail que l'on attend de vous, et sur vos spécialités[2].

Récemment, un grand appel d'offres de coaching individuel et d'équipe a été lancé, l'un des plus importants en France cette année. Pas moins de 600 coachs ont répondu, et une quarantaine d'entre eux ont été sélectionnés. Ceux qui ont été sélectionnés et retenus ont répondu aux besoins spécifiques du client. Certains commenceront très vite à travailler, alors que d'autres, dont la candidature a pourtant été acceptée, devront attendre un peu plus longtemps avant que l'on fasse appel à leurs services. Le référencement peut donc prendre beaucoup de temps et ressemble parfois à une loterie. Cependant, en phase de démarrage, il peut être intéressant de répondre à ces procédures d'appels d'offres. Elles permettent de se positionner, d'être « visible » sur son marché. Certains seniors esti-

---

1. Voir exemple en annexe 5.
2. Voir en annexe 4 l'exemple d'un appel d'offres publié sur Internet.

ment, quant à eux, ce type de référencement moins productif parce que, étant installés depuis longtemps, ils peuvent se permettre de sélectionner leurs clients. La majorité des grandes entreprises, ainsi que toutes les grandes administrations de l'État, émettent des appels d'offres de coaching, y compris les administrations territoriales, les préfectures, les conseils généraux, etc. En tant que coach débutant, nous vous recommandons d'apprendre à passer devant un jury de sélection. L'association professionnelle à laquelle vous serez affilié pourra éventuellement vous soutenir dans cette démarche.

Comment traiter les creux d'activité ?

La grande difficulté à laquelle se trouve confronté un coach qui vient de s'établir est le creux d'activité. Après en avoir fini avec un ou deux clients, il peut déplorer une baisse soudaine des demandes de coaching. La solution à ces crises périodiques est multiple :

- profiter des périodes calmes pour prospecter et se faire connaître ;
- s'essayer à d'autres types de missions ;
- apprendre à anticiper en « cultivant » ses prescripteurs ;
- apprendre à gérer l'ensemble de l'activité en même temps ;
- trouver coûte que coûte d'autres types de missions.

Ces missions peuvent concerner, comme nous l'avons évoqué précédemment, des services d'*outplacement*, de recrutement, de bilans de compétences, de formation ou de conseil. Cependant, un risque peut surgir : pour trouver d'autres missions, il faut aussi être connu dans ce domaine. Si l'on n'a pas de références dans ces autres types de services, on aura du mal à trouver de la demande pour « boucher » les creux d'activité. Une des raisons pour laquelle un coach débutant traverse périodiquement ces moments de creux et de crise financière est assez facile à identifier. Le plus généralement, il commet une erreur importante qu'il répète souvent ; au moment même où il a rempli sa besace de travail, il arrête de prospecter. Il cesse de semer ses graines, d'aller voir les uns, d'appeler les autres, d'écrire à des clients potentiels, de distribuer sa plaquette. Sa démarche commerciale est interrompue, et le jour où les contrats en cours sont terminés, le voilà le bec dans l'eau.

Comment s'organiser ?

Lorsqu'ils sont en pleine activité, les coachs gèrent souvent en permanence une dizaine de dossiers de coaching dans leur planning. Quand un coaching se termine, ils traitent aussitôt le client suivant. Quelques coachs connus ou entreprenants se paient même le luxe d'avoir des clients sur liste d'attente. Leur capacité de travail et la manière dont ils se sont organisés leur assurent un bon chiffre d'affaires. Mais créer ce flux de travail prend beaucoup de temps. Au début, il est donc essentiel d'apprendre à organiser son agenda en fonction de multiples facteurs tels que sa propre disponibilité, celle de ses clients, les besoins et les particularités de chacun d'entre eux. Certaines séances de coaching sont plus courtes que d'autres, certaines peuvent se dérouler au téléphone ou par vidéoconférence. D'autres encore ne prennent que trente minutes, pour des questions de disponibilité du client, ce qui est rapide. Certains coachs organisent des rendez-vous « *spots* », alors que d'autres séances peuvent durer deux ou trois bonnes heures.

Si vous éprouvez des difficultés à vous organiser de manière précise, peu importe le nombre de dossiers ouverts ; ils mobiliseront 100 % de votre emploi du temps et vous n'aurez pas une minute à consacrer au reste. Or, il est capital de réserver une partie de son planning à sa prospection, aux nouveaux contacts, à la gestion, à l'entretien de ses autres relations, aux contrats (coaching d'équipe, team-building, etc.) dans lesquels on peut être engagé, sans oublier sa propre formation et les imprévus. Il est possible d'accompagner une dizaine de clients par semaine, selon les besoins de chacun d'entre eux. Il est aussi possible de traiter une dizaine de clients par mois, en fonction du nombre d'heures passées et de la récurrence des séances. La clé réside dans l'efficacité et dans la façon de prévoir le temps que l'on consacrera au coaching individuel – chez soi, à l'extérieur, quel jour de la semaine pour quel client, etc. Il y a des clients que vous verrez une fois par semaine, d'autres une fois par mois, d'autres encore une fois tous les deux mois. Certains vous appelleront parce qu'ils vivent une crise et vous demanderont d'intervenir d'urgence ou de venir les voir deux fois par semaine, ce qui bousculera votre emploi du temps. Tout repose sur une réelle organisation, sur la gestion stricte de votre agenda et, bien sûr, sur vos objectifs personnels et professionnels.

Il est recommandé d'employer un tableau de pilotage pour contrôler l'évolution de son activité. Dans ce tableau devrait figurer votre compte d'exploitation prévisionnel[1]. Ce tableau pose les bases financières sur lesquelles vous allez travailler et les objectifs mensuels que vous vous fixez. Vous pourrez aussi avoir d'autres outils de gestion comme le tableau de prospection et le tableau de planning de vos clients, etc. Laissez votre créativité s'exprimer librement pour créer autant de tableaux dont vous estimez avoir besoin. Mais, surtout, utilisez-les !

---

1. Voir les tableaux de l'exercice 18, p. 198.

Chapitre 2

Quels tarifs proposer ?

« Impose ta chance, serre ton bonheur et va vers ton risque… »

René Char

Lorsqu'on débute dans le coaching, il est souvent difficile de fixer un prix. « Comme je commence, je manque d'expérience et cela m'interdit de prétendre à un tarif qui pourrait paraître excéder mes compétences », estiment certains. Eh bien, soyons directs : combien valez-vous ? Combien valent vos compétences ? Combien vaut ce que vous pouvez apporter aujourd'hui ? À combien estimez-vous le prix de votre histoire, de vos expériences, de vos formations, qui sont votre valeur ajoutée ? Si vous n'incarnez pas cette valeur, si vous n'êtes pas convaincu de ce que vous valez aux yeux des autres, c'est que vous n'êtes pas convaincu de ce que vous valez à vos propres yeux. Cet état d'esprit vous conduit à accepter de négocier à la baisse sans broncher.

Parmi les prospects que vous serez amené à rencontrer, certains n'hésiteront pas à « jouer » avec l'homme que vous êtes, avec votre sensibilité, vos hésitations, vos émotions. Ces prospects-là sont capables de déceler vos points faibles pour vous mettre mal à l'aise ; ils choisiront d'éviter de reconnaître votre véritable valeur marchande. Excellant dans les techniques de négociation, ils n'hésiteront pas à user de manipulation émotionnelle, au lieu de rester sur le terrain rationnel. Ils le feront pour vous amener à baisser vos tarifs. Lorsqu'ils iront trop loin, il y aura un sursaut en vous, vous ne serez pas d'accord, vous aurez le sentiment de vous faire « gruger », voire de ne pas vous respecter. Même si vous ne vous dites pas intérieurement combien vous valez, même si aucun montant n'est verbalisé, vous protesterez, en votre for intérieur, car vous aurez conscience de la valeur du service que vous apportez. Pour éviter ce genre de situation, vous devez fixer un chiffre : combien vaut ce que vous faites ? Ce n'est pas forcément le chiffre du marché, c'est votre chiffre à vous.

Il existe en fait deux prix : celui du marché, d'une part, et votre valeur marchande, d'autre part, qui est fonction de la qualité de la prestation que vous êtes capable de rendre, et surtout de votre capacité à la communiquer. Pour parvenir à déterminer votre prix à sa juste valeur, demandez-vous combien vous valez réellement quand vous apportez tout votre soin à réussir une intervention. Comment vous positionnez-vous par rapport à cela ? Cela devrait vous aider à évaluer votre stratégie générale, et votre stratégie en termes de position et d'identité professionnelle. Combien valent ces « céréales » que vous proposez sur le rayon du « super marché du coaching » ? Nous allons le voir plus loin.

La plupart des coachs se calent plus ou moins aujourd'hui au-dessus ou en dessous du prix du marché. Ils savent que la majorité des clients connaissent le marché du coaching et qu'ils font très attention aux prix. Cela réduit les possibilités de négociation, sauf si le prospect vient avec un volume d'affaires important. Dans ce cas, c'est avec le service achats de l'entreprise que vous aurez à négocier. Mais attention : certains clients se méfient des produits trop bon marché. Cela ne les incite pas à passer commande, car un prix trop bas n'inspire pas confiance. Il est donc capital de savoir quel prix maximal et quel prix minimal le client est prêt à payer.

Un des coachs formés dans notre atelier[1] s'est lancé dans son activité en se disant : « Je suis capable d'apporter de vraies solutions aux entreprises.» La manière avec laquelle il abordait les problèmes d'entreprise et les résolvait lui permettait d'estimer à sa juste valeur son type d'intervention. C'est un choix que vous serez appelé à faire, le plus tôt possible. Si vous êtes persuadé que ce que vous offrez a une valeur, alors vous allez fixer un prix, et il sera de tant d'euros. Il est essentiel de ne se tromper ni sur soi-même ni sur le marché. Dès que vous aurez acquis vos propres certitudes dans ce domaine, vous serez en mesure de négocier de manière posée et rationnelle avec vous-même et avec votre marché. Il est intéressant de remarquer qu'en ce qui concerne la fixation et l'évolution de vos tarifs, le marché servira d'étalonnage en permanence. La détermination de votre prix est en outre assujettie au principe de réalité entre ce que le client est capable de payer et ce que vous êtes capable de lui apporter. Cette confrontation entre ces deux réalités ouvre la porte à des tractations possibles dans une limite raisonnable. « Ok, je suis capable d'apporter cela, mais le client ne peut pas le payer pour l'instant, et je veux ce client ; qu'est-ce que je décide de faire ?» Ce genre d'interrogation soulève le problème de la logique et de l'investissement commercial. Quand vous commencez à être confronté à ce type de raisonnement, c'est que vous êtes en train de franchir un palier, car vous pensez « stratégie produit », c'est-à-dire à ce que vous valez réellement en vous projetant dans l'avenir.

En théorie, dans les métiers de prestations intellectuelles, lesquels incluent l'activité de coaching, la facturation moyenne annuelle représente 120 à 150 jours (pour un travail

---

1. « Le commercial du coach », voir www.mozaik.fr.

effectif de 200-220 jours). En restant dans cette logique, le calcul est alors simple : il vous faut facturer chaque journée de 1 000 € à 1 500 €. Ces estimations correspondent à un tarif horaire du marché du coaching de 200 à 500 € en moyenne. En prenant dans notre exemple une base horaire de 300 €, vous facturerez chaque jour entre 3 et 5 heures de coaching. Si vous offrez du coaching d'équipe et de la formation, le prix de journée s'étage de 1 000 € à 4 000 €. Il vous reste à définir l'équilibre financier de votre activité en tenant compte de ces informations et de vos objectifs monétaires.

Il y a une différence notable entre les prix pratiqués en province, et ceux pratiqués à Paris et en région parisienne. Dans la négociation, le prix de la journée varie, en région parisienne, entre 1 500 € et 3 000-4 000 €. Mais cela est fonction de l'expérience des consultants, de leur ancienneté, de leurs spécialités et de leur notoriété. En province, ces prix s'étagent généralement entre 700 € et 800 € pour la fourchette basse et 1 200 à 1 500 € pour la fourchette haute. Encore une fois, il s'agit du prix moyen. Quand on a affaire à un expert reconnu, jouissant d'une grande notoriété, les tarifs peuvent évoluer sensiblement, même en province.

Comment fixer le prix de vos prestations ?

Le calcul du prix des prestations est un exercice délicat. Certains le comparent à un véritable casse-tête chinois. Ce calcul doit prendre en compte tous les facteurs qui entrent en jeu dans la prévision de la pérennité de l'activité. Quand on estime le prix auquel vendre ses services, on souhaite souvent s'affranchir des exigences du marché, mais cela n'est pas toujours possible, comme nous venons de le voir, à moins de bénéficier d'une notoriété qui justifie la hauteur des tarifs demandés. En restant dans la fourchette du tarif habituellement pratiqué, la question est de savoir quelle fourchette choisir : basse ou haute ? Pour commencer, ces questions peuvent vous aider à déterminer votre tarif :

> Sur quelle base calculer mon prix ?
> Quel est le prix du marché ?
> Quel prix ai-je envie de pratiquer ?
> À quel prix ai-je besoin de me vendre ?

Avant de définir le prix d'un produit, il faut connaître le coût de la production pour pouvoir dégager un bénéfice.

La formule est la suivante :

> prix de revient global + marge = prix de vente

Ou encore :

> coût de fonctionnement (bureau, déplacements, investissement, fournitures, etc.)
> + charges totales (sociales, fiscales)
> + bénéfices (salaires)
> = prix de vente de mes prestations (à l'heure, à la journée)

Le prix final des prestations se calcule en fonction des paramètres suivants : votre perception de votre valeur ajoutée + vos besoins pour couvrir vos charges globales, le tout pondéré ou pas avec le prix du marché et de vos concurrents.

Ce qui nous donne l'équation :

$$VA + Be\ G/M + Co = Px$$

Sachant que :

VA est la valeur ajoutée (le sentiment de ma valeur).

Be G : vos besoins (Be) pour couvrir vos charges globales (G), y compris votre rémunération.

M : par rapport au marché.

Co : prix pratiqué par vos concurrents.

Px : votre prix.

En fonction de votre stratégie de développement et de vos objectifs, il vous est possible de calculer votre prix d'autres façons.

Vous pouvez, par exemple, décider de vous placer dans la fourchette haute (notoriété et/ou innovation) ; dans une fourchette très basse (survie, forte production, recherche de rentabilité, de pénétration immédiate) ; vous pouvez aussi choisir une politique d'alignement sur vos concurrents directs ; ou encore pratiquer une politique de prix en fonction de votre gamme de produits, de vos différents types de contrats, de vos différentes prestations d'accompagnement, de différentes techniques, etc. Quelle que soit votre décision « stratégique », votre prix devra reposer sur : Pr/B/M (prix de revient/besoin/marché), et s'adapter à ce dernier en permanence.

Combien voulez-vous gagner ?

Première hypothèse (pour les plus optimistes)

Vous pouvez prendre votre ancien salaire comme base de calcul. En admettant que vous receviez un salaire brut de 60 000 €, sachez qu'avec votre nouveau statut de profession libérale, il faudra ajouter environ 50 %[1] de charges pour

---

1. Nous arrondissons à 50 % (charges sociales + CRDS/CSG + IR) pour compter large et garder un peu de marge. Un chiffre rond rend les estimations plus faciles.

retrouver ce niveau de rémunération, ce qui donne un total de 90 000 €, soit environ 5 000 € de salaire mensuel brut. Cette somme correspond-elle à ce dont vous avez besoin aujourd'hui pour assumer vos charges[1] ? Ou estimez-vous devoir gagner plus ? autant ? moins ?

Quelle que soit la référence de votre calcul (ici, 90 000 € dont 30 000 € de charges), vous devrez y ajouter tous les frais afférents à votre activité (dépenses de fonctionnement et de relations commerciales : bureau, équipement, fournitures, déplacements, téléphone, informatique, communication commerciale, frais de représentation, formation, etc.). Ces frais annuels peuvent s'élever de 10 000 € à 30 000 €.

L'exemple que nous avons choisi nous indique qu'il vous faudra facturer entre 100 000 € et 150 000 € par an. Prenons un chiffre d'affaires de 150 000 €, avec environ 75 000 € de charges et 15 000 € de frais. Il vous reste 60 000 €, soit 5 000 € par mois. Voilà peut-être votre premier objectif ? Si tel est le cas, vous devrez réaliser dans votre année environ 30 journées d'intervention à 1 500 € + 15 contrats de coaching de 20 heures à 350 € HT par heure.

Seconde hypothèse

En débutant dans votre métier, vous pouvez décider de respecter cette marche à suivre pendant les deux ou trois premières années. Il est peut-être plus raisonnable cependant de revoir ce chiffre d'affaires à la baisse. Nous pouvons consi-

---

1. À souligner : le nouveau régime d'auto-entrepreneur permet en France de payer moins de charges sociales et d'impôts puisqu'un seul pourcentage est prélevé sur les recettes (13 % s'il s'agit de ventes, 23 % s'il s'agit de prestations de services), à condition d'opter pour le paiement libératoire de l'impôt. Une fois ces charges réglées, il n'y a plus rien à payer en fin d'année. Dans le régime de l'auto-entreprise, si aucune recette n'est enregistrée, il n'y a ni impôt ni charges sociales minimums à payer. Informations : autoentrepreneurs.com. Lire à ce sujet l'ouvrage de Gilles Daïd et Pascal Nguyên *Le Guide pratique de l'auto-entrepreneur*, Eyrolles, 2009.

dérer un chiffre d'affaires de 40 000 €, ce qui correspond à 5 contrats de coaching de 20 heures à 350 € HT par heure et 4 jours d'intervention à 1 300 € HT par jour. Le pourcentage applicable pour les charges se réduirait à environ 25 % et il vous faudrait resserrer vos frais de fonctionnement. Nous obtiendrions : 40 000 € × 75 % – 5 000 € = 25 000 €, soit un peu plus de 2 000 € par mois. Cette estimation semble plus proche de la réalité pour ce qui est des premières années. Ces chiffres devraient augmenter au fur et à mesure de votre évolution sur le marché.

La fixation du prix de vos prestations est un élément principal de votre démarche marketing. Comme nous l'avons vu au début de notre ouvrage, la base du mix-marketing comprend le prix dans les « 4 P » (produit, prix, placement, promotion). Cet ingrédient mérite toute votre attention et devrait faire l'objet du plus grand soin dans vos réflexions relatives à vos objectifs personnels et professionnels.

L'univers du coaching et de la formation est un petit monde, nombre de ses acteurs se connaissent ou sont appelés à se connaître. On croise fréquemment les mêmes personnes dans les réunions, les conférences, les stages de formation. Chacun nourrit ses propres ambitions, aussi légitimes et honorables les unes que les autres. Chaque personne souhaite atteindre ses objectifs, s'efforce d'évoluer et de se développer. Tous ont à cœur de réussir dans un esprit d'émulation et de saine compétition, en respectant l'engagement moral inscrit dans la **charte de déontologie et de l'éthique**. Il arrive que le respect et l'estime de soi valent bien un contrat.

EXERCICE 18

Avant de vous lancer dans vos calculs de prix, procédez à des simulations en prenant en considération vos objectifs de développement.

Quels tarifs proposer ?

1. Chiffre d'affaires quotidien prévisionnel*

	Minimum	Moyen	Maximum
Prix jour	€ HT	€ HT	€ HT

2. Chiffre d'affaires hebdomadaire prévisionnel*

	Minimum	Moyen	Maximum
CA semaine 1	€ HT	€ HT	€ HT
CA semaine 2	€ HT	€ HT	€ HT
CA semaine 3	€ HT	€ HT	€ HT
CA semaine 4	€ HT	€ HT	€ HT

3. Chiffre d'affaires mensuel prévisionnel*

	Minimum	Moyen	Maximum
CA janvier	€ HT	€ HT	€ HT
CA février	€ HT	€ HT	€ HT
CA mars	€ HT	€ HT	€ HT
CA avril	€ HT	€ HT	€ HT
CA mai	€ HT	€ HT	€ HT
CA juin	€ HT	€ HT	€ HT
CA juillet	€ HT	€ HT	€ HT
CA août	€ HT	€ HT	€ HT
CA septembre	€ HT	€ HT	€ HT
CA octobre	€ HT	€ HT	€ HT
CA novembre	€ HT	€ HT	€ HT
CA décembre	€ HT	€ HT	€ HT

* Utilisez le tableau qui correspond le mieux à vos besoins de gestion.

4. Chiffre d'affaires annuel prévisionnel

Période	Coaching	Formation	Autres	Totaux
Année 1	€ HT	€ HT	€ HT	€ HT
Année 2	€ HT	€ HT	€ HT	€ HT
Année 3	€ HT	€ HT	€ HT	€ HT

5. Compte d'exploitation prévisionnel de la première année

Ce compte d'exploitation prévisionnel est bâti en prenant pour hypothèse une planification de 150 jours d'activité répartis ainsi :

- formation ou coaching : ---- jours ;
- activités commerciales : ---- jours ;
- conception de projets et supports pédagogiques : ---- jours.

	Mois											
	01	02	03	04	05	06	07	08	09	10	11	12
Recettes (coaching, formations, autres)												
Autres charges Coût d'animation, provision du fonds de roulement												
Investissement dans l'activité commerciale Déplacements (avion, train, voiture, taxi, autres)												
Frais administratifs Achat de matériel, consommables												

	Mois											
	01	02	03	04	05	06	07	08	09	10	11	12
Communication commerciale Frais postaux, téléphone, Internet, cartes de visite, plaquette												
Charges fixes Location bureau, assurances, retraites, PEE et charges												
TOTAL RÉSULTAT BRUT												

6. Mon plan prévisionnel simplifié sur 3 ans

		1re année	2e année	3e année	Observations
Recettes	Ventes (coaching, formations, autres)				
Charges fixes	Loyer, assurances, abonnement téléphonique, EDF, leasing voiture, taxe professionnelle, crédit matériel, emprunt banque, ou autre, amortissement				
Autres charges	Autres provisions, provision du fonds de roulement				
Résultat brut					

Autres questions utiles

Quelle structure choisir pour votre installation ?

Différentes possibilités de structure juridique s'offrent à vous pour exercer votre activité. Nous vous en exposons les grandes lignes et vous conseillons de vous référer :

- aux ouvrages spécialisés et actualisés en fonction du choix que vous allez effectuer ;

- aux organisations administratives spécialisées dans la création d'entreprises (les informations données ici ressortissent à la législation française) :

    - Agence pour la création d'entreprises (APCE) : www.apce.com ;

    - Association pour l'emploi des cadres (APEC) : www.apec.asso.fr ;

    - Confédération nationale des junior-entreprises (CNJE) : www.cnje.org ;

    - Chambre des métiers et de l'artisanat de Paris : www.cm.paris.fr ;

    - Direction départementale du travail, de l'emploi et de la formation professionnelle (DDTEFP) : www.ddtefp.gouv.fr.

L'auto-entrepreneur

Créé en 2009, ce nouveau statut bénéficie de formalités de création et d'un régime social simplifiés. L'auto-entrepreneur est un entrepreneur individuel inscrit auprès du Registre national des entreprises. Il est dispensé de demander son immatriculation au registre du commerce et des sociétés ou au répertoire des métiers. Il s'agit d'un régime simplifié pour l'exercice d'une activité indépendante de façon régulière ou ponctuelle, en minimisant les coûts administratifs et les charges sociales et fiscales qui en découlent.

Sous ce régime, vous êtes à la fois un entrepreneur individuel, un travailleur indépendant et une micro-entreprise. L'auto-entrepreneur bénéficie d'une exonération temporaire de la taxe professionnelle et du régime fiscal de la micro-entreprise. Celle-ci jouit, sur le plan fiscal, d'un dispositif simplifié dans la détermination des bénéfices imposables. Elle peut réduire au minimum les obligations comptables et fiscales des entrepreneurs individuels.

Dans ce régime, il n'y a pas de déduction des charges réelles. Vous êtes indépendant juridiquement et cotisez au régime social des non-salariés. L'inconvénient est que le chiffre d'affaires global annuel de votre activité de services ne doit pas excéder 32 000 € HT. Dans le cas contraire, vous sortirez du régime fiscal de la micro-entreprise à partir du premier jour du mois de dépassement des seuils prévus. Vos revenus seront alors imposés selon un régime réel d'imposition. Si votre activité est soumise à la TVA, vous récupérerez la TVA payée sur vos achats de biens et de services, et vous facturerez la TVA à vos clients. Ne peuvent être auto-entrepreneurs que les professionnels libéraux dépendant, au niveau du régime de retraite, soit de la Cipav, s'ils démarrent leur activité en 2009, soit du RSI (régime social des indépendants).

Informations : autoentrepreneurs.com.

www.le-rsi.fr.

L'EURL

L'entreprise unipersonnelle à responsabilité limitée est une forme de SARL à un seul associé. Cette structure juridique est souvent adoptée par ceux qui travaillent seuls. Elle protège le patrimoine personnel. L'entrepreneur rend seul toutes les décisions, mais doit respecter le formalisme et la réglementation propres au droit des sociétés. L'EURL est soumise à l'impôt sur le revenu, mais il est possible d'opter pour l'impôt sur les sociétés, ce qui permet de ne pas être imposé sur tout le bénéfice, de mettre une partie de celui-ci en réserve, et de déduire la rémunération de l'associé unique du bénéfice de la société.

Si l'EURL est soumise à l'impôt sur le revenu, vous êtes imposé en BIC (bénéfices industriels et commerciaux) comme un entrepreneur individuel. Si elle est soumise à l'impôt sur les sociétés, sa rémunération est imposée comme celle d'un gérant majoritaire (en salaire, avec déduction forfaitaire de 10 % pour frais professionnels). La couverture sociale du dirigeant reste affiliée aux régimes sociaux des non-salariés. Il ne peut pas être titulaire d'un contrat de travail.

L'avantage de l'EURL est de limiter la responsabilité commerciale du dirigeant au montant des apports effectués à la société, à condition de séparer les biens de l'entreprise du patrimoine personnel. L'entreprise unipersonnelle présente aussi l'intérêt de pouvoir transformer votre EURL en SARL. La limitation de la responsabilité commerciale est souvent illusoire du fait des garanties et des cautions personnelles demandées par les banques.

Le portage salarial

Le professionnel a un statut de salarié, mais reste indépendant. Ses clients traiteront directement avec la société de portage pour régler leurs factures. Sachez qu'il est possible de cumuler le régime du portage salarial et celui d'auto-entrepreneur. N'hésitez pas à négocier les frais de gestion.

Informations : www.guideduportage.com.

www.fenps.fr.

www.itg.fr.

www.ventoris.fr.

www.abcportage.fr.

www.links-conseil.com.

La SARL

La société à responsabilité limitée est la forme de société la plus utilisée en France. Il suffit d'un euro pour constituer le capital, et la société peut ne compter que deux associés. Aucun capital minimal n'est exigé et le montant en est librement fixé par les statuts. Les associés peuvent être des personnes physiques ou morales. La SARL est dirigée par un ou plusieurs gérants nommés dans les statuts ou en assemblée générale. Comme les associés, ils ne sont commercialement responsables des dettes de la société qu'à hauteur de leurs apports, mais leur responsabilité peut être étendue à leurs biens personnels en cas de faute de gestion. Le gérant ou les gérants accomplissent seuls tous les actes de gestion courante.

Une SARL est soumise en principe à l'impôt sur le revenu (33,33 %, réduits à 15 % pour les petites entreprises). Le gérant ou l'associé est imposé seulement sur sa rémunération, et éventuellement sur les dividendes versés par la société. Ces versements sont déductibles des résultats sociaux. La rémunération du gérant peut être fixe, proportionnelle au chiffre d'affaires ou aux bénéfices, ou à la fois fixe et proportionnelle. Vous êtes affilié au régime des salariés si vous êtes gérant minoritaire ou égalitaire, ou au régime des indépendants si vous êtes majoritaire. Les gérants minoritaires n'ont pas droit au chômage lorsqu'est mis fin à leur mandat de gérant, sauf lorsqu'ils cumulent ce mandat avec un contrat de travail.

La SNC

La société en nom collectif est une société de personnes peu onéreuse à créer, mais qui rend les associés directement responsables sur leur patrimoine privé des dettes éventuelles de l'entreprise. Le capital est librement fixé par les statuts et aucun minimum légal n'est requis. Une SNC peut être constituée de deux associés qui sont solidairement responsables du passif social sur leur patrimoine personnel. La société est dirigée par un ou plusieurs gérants. La SNC est, en principe, soumise à l'impôt sur le revenu, mais elle peut opter pour l'impôt sur les sociétés.

Chaque associé est soumis à l'impôt sur le revenu sur sa part de bénéfice, comme un entrepreneur individuel. Il relève du régime des travailleurs indépendants, comme un entrepreneur individuel.

La SAS et la SASU

De création plus récente, la société par actions simplifiée est une structure de plus en plus adoptée par les sociétés de services dont les objectifs de développement sont importants. Elle offre un avantage certain de séparation des patrimoines, et permet une grande souplesse d'organisation. Le capital social minimal est de 37 000 € libérable pour moitié à la création de la société et pour moitié dans le cours des cinq années suivantes. Ce type de statut oblige le contrôle de la gestion et des comptes par un ou plusieurs commissaires aux comptes. La SAS peut être créée par une ou plusieurs personnes physiques ou morales sans limitation de nombre. Quant à la SASU (société par actions simplifiée unipersonnelle), elle répond aux mêmes règles que la SAS et bénéficie, elle aussi, d'une grande souplesse d'organisation.

La SA

La société anonyme est généralement adoptée pour des projets de grande envergure nécessitant d'importants capitaux. Le capital social minimal est de 37 000 € (même principe que la SAS). Elle est constituée d'un minimum de sept actionnaires, personnes physiques ou morales. L'engagement des associés est limité aux apports de chacun, et le président peut adopter le statut de salarié. Ce type de structure jouit d'une grande crédibilité auprès des différents partenaires (banques, clients, fournisseurs…).

Le meilleur statut est celui qui vous convient le mieux et qui s'adapte à votre situation personnelle. Il reste conditionné à la nature de votre projet, de vos ambitions, de vos objectifs financiers et de rémunération. Prenez votre temps avant de décider du choix de votre statut légal et fiscal. N'hésitez pas à prendre conseil auprès de spécialistes, et observez comment les choses se passent, ce que font vos pairs, vos concurrents, etc. Lorsque vous serez engagé, vous pourrez, bien sûr, changer d'avis, mais cela pourra entraîner des coûts élevés.

Devez-vous vous affilier à une fédération professionnelle ?

Nous ne saurions vous le recommander. La profession de coach n'étant pas réglementée, il est possible de l'exercer sans avoir de diplôme, sans adhérer à une branche professionnelle ou y être certifié. N'importe qui peut donc devenir coach et se prévaloir de cette spécialité. Il est pourtant utile d'adhérer à une association professionnelle et ce, pour plusieurs raisons. La première réside dans le fait de pouvoir être reconnu dans la profession. Ensuite, dans le fait de bénéficier du soutien d'un groupe. On peut ainsi profiter de l'expérience de ses pairs et de conseils de professionnels chevronnés. Les adhérents se rencontrent fréquemment pour échanger des informations. Ils ont la possibilité de suivre des ateliers pour mettre régulièrement à niveau leurs connaissances. D'autres modalités d'échange sont possibles : réunions européennes et internationales, rencontres avec des coachs internationaux invités en France, etc. Votre adhésion à un réseau de professionnels qui jouit d'une excellente notoriété contribue à consolider votre présence sur votre marché et à renforcer votre activité. Vous pouvez aussi être sollicité par vos collègues pour participer à des programmes évolutifs sur le métier.

Qu'est-ce que la certification ?

La certification est une reconnaissance officielle qui valide la formation que vous avez reçue, l'expérience que vous avez acquise et vos compétences actuelles. Dans certaines associations de coaching, vous pouvez postuler à différents niveaux de certification. Les procédures de validation interne sont habituellement reconnues dans le monde entier. La certification renforce votre crédibilité et donne à vos clients l'assurance de votre professionnalisme. Elle est une étape incontournable dans la progression de votre carrière[1].

Qu'est-ce que la supervision ?

C'est aussi une étape essentielle dans la professionnalisation du coach. La supervision lui apporte le recul, la réflexion et l'amélioration nécessaires à sa pratique et à son évolution dans son métier. Elle consiste en un travail individuel et/ou collectif, et porte sur l'analyse de situations concrètes et actuelles, vécues par le supervisé. Ce processus permet une confrontation personnelle du supervisé à son rôle et à ses responsabilités professionnelles. Le superviseur n'est ni « psy du coach » ni « coach du coach ». Il le renforce dans sa

---

1. Voir en annexe 1 les adresses des associations professionnelles.

pratique, et lui apporte souvent des éclairages et des options complémentaires pour faire face à des situations parfois complexes qui surviennent dans son métier.

La déontologie

L'ensemble des associations professionnelles de coaching attendent de leurs membres un engagement à leur code déontologique et éthique qui régit les modes d'exercice de la profession. Ce code rassemble et présente les droits et les devoirs du coach dans les rapports qu'il entretient avec ses pairs et ses clients. Il n'existe, à ce jour, aucun cadre juridique réglementaire pour les codes de déontologie du coaching. Ils sont l'expression de l'aspiration morale de la profession, aspiration partagée par tous les membres de chaque association[1]. Le mot « édéontologie » vient du grec *deon, onfos*, « ce qu'il faut faire », et de *logos*, « discours ». C'est la science morale qui traite des devoirs à remplir.

Votre perfectionnement : un besoin régulier

Lorsque vous serez installé dans votre métier, vous trouverez sans doute judicieux de planifier des périodes de répit grâce auxquelles vous pourrez rompre avec le rythme soutenu de votre travail. Vous en profiterez pour vous ressourcer, prendre du recul, mieux vous organiser, vous occuper des papiers en souffrance ou d'autres points importants. Ce sont des périodes qu'il faut savoir mettre à profit. Elles vous donneront aussi l'occasion de continuer à vous former. Certains coachs réservent une vingtaine de jours chaque année à leur formation pour parfaire leurs techniques d'accompagnement ou découvrir de nouvelles techniques, de nouveaux outils applicables.

---

1. Vous trouverez les principaux codes de déontologie en annexe 2.

La mise à jour régulière de la pratique professionnelle est indispensable. Comme il est difficile de la faire lorsque l'on est débordé, il est utile de prévoir un plan de mise à niveau de ses connaissances des mois à l'avance. Ce programme peut comprendre différents volets. Avez-vous pensé à ce dont vous aurez besoin pour améliorer votre pratique ? Avez-vous réfléchi aux nouveautés dans lesquelles vous aimeriez vous investir ? Souhaitez-vous bénéficier d'un travail de supervision ? Tout cela demande de l'organisation. Le temps consacré à votre formation future contribuera à augmenter la qualité de vos prestations et votre valeur marchande. Le processus d'accréditation de l'ICF implique que les coachs accrédités soient en mesure de justifier leur travail et leur formation tous les trois ans. Cette obligation permet à chacun de continuer à progresser, de choisir son rythme d'évolution sachant que chaque validation nécessite un certain nombre d'heures de formation homologuées par l'ICF.

Conclusion

*« Si vous pensez que vous êtes trop petit pour changer quoi que
ce soit, essayez donc de dormir avec un moustique
dans votre chambre. »*

Betty Reese

Quel que soit le type de coaching que vous envisagez de pratiquer, nous espérons que ce livre vous a été utile et qu'il vous accompagnera dans le démarrage et la consolidation de votre activité. Il reste encore beaucoup à dire sur les conditions de réussite du coach débutant. Néanmoins, ce que vous avez découvert dans ces pages constitue les premières pistes que tout coach peut choisir de suivre.

Vous avez pu faire le point avec vous-même, reconnaître et donner bon accueil au coach qui sommeillait en vous. Nous sommes persuadés qu'il sera un « produit » magnifique sur son marché. Vous avez abordé les conditions nécessaires à ce qu'il soit « achetable », reconnu et visible. Construire sa notoriété, créer un réseau et l'animer, élever la qualité de ses compétences représente un travail de longue haleine, mais combien passionnant lorsque l'on se consacre à l'accompagnement des êtres humains !

Restez ouvert à toutes les opportunités. Si le cœur vous en dit, vous pouvez même faire plus : écrire des articles dans des revues spécialisées, intégrer ou animer des groupes de projet, donner des conférences, partager votre expérience, écrire un livre… une variété d'activités qui contribueront à votre réputation naissante dans ce marché en expansion. Et, même sans en arriver là, l'univers du coaching est suffisamment vaste pour offrir un terrain de jeu plaisant. Les spécialistes de l'accompagnement des ressources humaines sont de plus en plus nombreux dans les secteurs les plus divers : artistique (littérature), entreprise, politique, familial, médical…

Votre phase de préparation achevée, PASSEZ À L'ACTION. Profitez de cette énergie qui vibre en vous pour vous projeter dans l'avenir, sans retenue, avec passion et gourmandise. Redécouvrez toute la richesse de votre histoire, de votre expérience, reprenez conscience de tout ce que vous avez déjà réussi, confortez votre confiance en vous, c'est le meilleur gage de votre réussite. Concentrez-vous sur vos futurs contrats, nous savons qu'il sera toujours temps, après vos premières commandes, de trouver votre statut et la structure idéale de votre entreprise.

N'hésitez pas à vous lancer. Vous le savez, c'est le premier pas qui compte. Ce pas en entraînera d'autres. Restez libre et disponible ; vingt années d'expérience dans ce domaine m'ont appris que les rencontres et le marché sont un jardin qui « fertilise » pour donner suffisamment de travail à tous les acteurs compétents de ce vaste jeu. N'oubliez pas : ÊTRE toujours PRÊT, mettez en œuvre les « 5 P » : le Premier Plus Petit Pas Possible.

Le coaching est une activité vieille comme le monde. Aristote, qui fut précepteur d'Alexandre le Grand, était un coach avant la lettre. Qui sait ce que serait devenu le conquérant de l'Asie Mineure, de la Perse et des confins de l'Inde s'il n'avait pas eu à ses côtés, dans son adolescence, son ami, lequel fut disciple de Platon ? Les chamans de la Préhistoire étaient des coachs à leur façon, accompagnant, par leurs incantations, le départ des chasseurs ou des guerriers… L'aptitude à accompagner le changement et les décisions humaines existe depuis la nuit des temps. Quelques personnes excellent dans cette activité, plus que d'autres. La technicité de notre monde a fini par normaliser des rapports naturels et spontanés pour les transformer en un service échangeable et monnayable. Puissiez-vous mettre tous vos talents dans cette noble entreprise d'accompagnement et y réussir selon vos vœux.

Si jamais, au cours de votre lecture, vous vous êtes rendu compte que le métier de coach, aussi attirant soit-il, n'est pas fait pour vous, dites-vous trois choses :

1. Vous en avez pris conscience à temps car vous vous êtes donné la CHANCE de lire ce livre.

2. Comment allez-vous utiliser ce que vous avez appris dans ce livre pour réaliser un projet plus proche de vos aspirations ?

3. Vous pouvez faire appel à un coach pour qu'il vous accompagne dans la clarification de votre nouveau projet.

Synthèse de vos réflexions et de vos recherches

« Laissez-vous guider par votre rêve, même si vous devez momentanément le mettre de côté pour trouver un emploi ou payer votre loyer. Et restez toujours ouvert aux opportunités de sortir du cadre pour mener la vie et faire les choses qui vous inspirent profondément… N'ayez pas peur. »

Jane Goodall

VOTRE FEUILLE DE ROUTE	
Que pouvez-vous dire de vous, de votre histoire, de votre expérience, de vos aspirations ?	
Quels sont vos objectifs professionnels ?	
Quels sont vos objectifs personnels ?	
Quelles sont vos motivations profondes ?	
Qui sont vos « supporters » ?	
Quels sont vos points forts et vos points faibles pour entreprendre ce projet ?	

Nommez votre activité, votre métier, ce que vous allez proposer : Pourquoi : Comment :	
Quel est le nom de votre structure ?	
Quels sont vos prospects ?	
Quels seront vos types de clients ?	
Quelle est votre gamme de service ? Pourcentage par activité :	
Que savez-vous de votre marché ? Connaissez-vous vos concurrents, leurs prix, leurs offres, leur organisation, leur stratégie de communication ?	
Faites le point sur vos réseaux : De pairs : De relations : De prescripteurs : Autres :	
Faites le point sur votre organisation : Logistique : Bureau : Téléphone : Informatique : Gestion du temps : Autres :	

Quel est votre mix-marketing (« 4 P ») PRODUIT PRIX POSITIONNEMENT PROMOTION	
Quel produit êtes-vous ?	
Quels sont mon positionnement et mes moyens de distribution ?	
Quelle est votre politique de prix ? Heure de coaching : Journée d'intervention : Coaching d'équipe, team-building, formation, autres :	
Quelle est votre stratégie de promotion, de communication ?	
Vos réflexions et commentaires	
Vos modifications (éventuellement des corrections suggérées par votre « coach »)	

Annexes

Adresses utiles[1]

International Coach Federation (ICF France)
Président : Laurent Goldstein
57 rue d'Amsterdam
75008 Paris
www.coachfederation.fr
adhesions@coachfederation.fr

ICF Belgique
www.coachfederation.be

Association européenne du coaching (AEC)
Président : Patrick Amar
Maison des associations
54 rue Pigalle 75009 Paris
Secrétariat : Charlotte
infos@aecoaching.eu
http://aecoaching.eu

Société française de coaching (SFCoach)
Présidente : Pascale Reinhardt
22, boulevard de Sébastopol
75004 Paris
sfcoach@wanadoo.fr
www.sfcoach.org

Fédération francophone de coaching (FFC)
www.ffcoaching.org

Fédération francophone de coachs professionnels (FFCPro)
Présidente : Mathilde Bertrand
55 avenue Marceau 75016 Paris
www.ffcpro.org

Société romande de coaching (SR-coach)
www.srcoach.ch

Syntec Conseil en évolution professionnelle
3 rue Léon-Bonnat
75016 PARIS
Délégation générale : Khaleda Zeghli-Cherif
khaleda.zeghli@groupement-syntec.org
www.syntec.evolution-professionnelle.com

---

1. Informations susceptibles d'avoir évolué.

Exemples de codes de déontologie

Code de déontologie de l'International Coach Federation (ICF)

L'International Coach Federation conçoit le coaching comme un partenariat. Le coach et le client déterminent ensemble l'objectif, le cadre et les résultats escomptés, et le client reste seul responsable de ses propres objectifs.

Le rôle du coach est de :

- découvrir et clarifier ce que le client souhaite accomplir pour établir un contrat fondé sur un objectif mesurable et daté ;
- aider le client à définir ses motivations, ses stratégies et ses compétences ;
- dévoiler au client l'ensemble des options qui s'offrent à lui ;
- confronter le client à ses engagements ou à sa problématique, si cela peut le faire progresser.

La définition du coaching pour l'ICF

Le coaching professionnel se définit comme une relation suivie dans une période définie qui permet au client d'obtenir des résultats concrets et mesurables dans sa vie professionnelle et personnelle. À travers le processus de coaching, le client approfondit ses connaissances et améliore ses performances.

Le client clarifie ses objectifs et s'engage dans l'action grâce à l'inter-activité établie entre le coach et lui. L'accompagnement permet au client de progresser plus rapidement vers la réalisation de ses objectifs, car la relation de coaching l'invite à se centrer sur ses priorités et ses choix. Le processus de coaching se concentre sur la situation présente du client et sur ce qu'il est prêt à mettre en œuvre pour atteindre ses objectifs.

Le coaching individuel s'adresse à une personne qui désire atteindre l'un ou plusieurs des objectifs suivants :

- donner à son entreprise une orientation pertinente, choisir ses alliés et définir les structures *ad hoc* ;
- mettre en place une délégation réussie qui permette de se concentrer sur les missions fondamentales ;
- animer son équipe avec le maximum d'efficacité et d'enthousiasme ;
- concilier ses obligations professionnelles et personnelles ;
- exercer ses responsabilités avec plus d'efficacité ;
- faire face aux évolutions plus ou moins importantes de son environnement ;
- rétablir une situation managériale difficile ;
- réorienter sa carrière.

Le coach est un expert du processus de coaching et reste maître du cadre. Son rôle de partenaire requiert qu'il soit dans la position de comprendre les enjeux professionnels de son client sans toutefois être l'expert du métier de celui-ci. Le coach posera les bonnes questions, le client trouvera ses réponses.

Les repères déontologiques de l'ICF

Conduite professionnelle générale en tant que coach

1. Je me conduirai de manière à présenter une image positive de la profession de coach et je m'abstiendrai de comportements ou de déclarations qui portent atteinte à la compréhension ou à l'acceptation par le public du coaching en tant que profession.

2. Je ne ferai pas volontairement de déclarations publiques qui soient fausses ou trompeuses ni de fausses promesses dans

quelque document que ce soit se rapportant à la profession de coach.

3. Je respecterai les diverses approches de coaching. Je traiterai avec respect les travaux et les contributions de tiers, et ne les présenterai pas comme miens.

4. Je serai attentif à toute incidence potentiellement néfaste en reconnaissant la nature du coaching et son impact sur la vie des autres personnes.

5. En toutes circonstances, je chercherai à reconnaître les incidences personnelles qui pourraient influencer, entrer en conflit ou interférer avec la performance de mon coaching ou mes relations professionnelles. Quand les faits ou les circonstances l'imposeront, je chercherai rapidement une assistance professionnelle et déterminerai l'action à suivre, y compris s'il est approprié de suspendre ou de terminer mes relations de coaching.

6. Comme formateur ou superviseur de coachs potentiels ou accomplis, je me conduirai en accord avec le code déontologique de l'ICF dans toutes les situations de formation et de supervision.

7. Je conduirai et rendrai compte de recherches avec compétence, loyauté et dans le cadre de standards scientifiques reconnus. Ma recherche sera conduite avec l'approbation ou le consentement nécessaire des personnes impliquées, et avec une approche qui protège raisonnablement les participants de quelque risque potentiel.

8. Avec précision, je créerai, entretiendrai, archiverai et détruirai toute trace du travail effectué en rapport avec la pratique du coaching d'une façon qui assure la confidentialité et satisfasse toutes les lois en vigueur.

9. J'utiliserai l'information qui relève de l'annuaire de l'ICF (adresses Internet, numéros de téléphone, etc.) seulement de la façon et dans le cadre autorisés par l'ICF.

Conduite professionnelle à l'égard des clients

10. Je me tiendrai responsable de déterminer les limites claires, pertinentes et culturellement adaptées qui gouvernent quelque contact physique que je puisse avoir avec mes clients.

11. Je n'engagerai de relation sexuelle avec aucun de mes clients.

12. Je construirai des accords clairs avec mes clients et j'honorerai tous les accords pris dans le contexte de relations professionnelles de coaching.

13. Je m'assurerai que, au cours de la première séance, ou préalablement, mon client comprend la nature du coaching, le cadre de la confidentialité, les accords financiers et les autres termes du contrat de coaching.

14. J'identifierai avec précision mes qualifications, mon savoir-faire et mon expérience de coach.

15. Je n'orienterai pas intentionnellement mon client ni ne formulerai de fausses promesses sur ce que mon client pourrait obtenir d'un processus de coaching ou de moi en tant que coach.

16. Je ne donnerai à mes clients ou prospects quelque information ou avis que je sais ou crois trompeur.

17. Je n'exploiterai pas en connaissance de cause quelque aspect de la relation coach-client à mon profit ou à mon avantage personnel, professionnel ou financier.

18. Je respecterai le droit du client de terminer le coaching en quelque point du processus. Je serai attentif aux signes qui révéleront que le client ne tire plus parti de notre relation de coaching.

19. Si je crois que le client serait mieux accompagné par un autre coach, ou par une autre ressource, je l'encouragerai à entreprendre ce changement.

20. Je suggérerai à mes clients de rechercher les services d'autres professionnels lorsque cela apparaîtra pertinent ou nécessaire.

21. Je prendrai toutes les mesures utiles pour informer les autorités compétentes dans le cas où mon client déclarerait une intention de mettre en danger lui-même ou des tiers.

Confidentialité

22. Je respecterai la confidentialité des propos de mon client, sauf autorisation expresse de sa part ou exigence contraire de la loi.

23. J'obtiendrai l'accord de mes clients avant de mentionner leur identité ou toute information permettant de les identifier.

24. J'obtiendrai l'accord du bénéficiaire du coaching avant de dévoiler quelque information le concernant à quiconque rémunère ma prestation.

Conflits d'intérêt

25. Je veillerai à éviter tout conflit entre mes intérêts et ceux de mes clients.

26. Pour tout conflit d'intérêt, en cours ou potentiel, j'exposerai ouvertement la situation et délibérerai pleinement avec mon client de façon à trouver une issue qui le serve le mieux.

27. Je tiendrai mon client informé des rémunérations que je pourrais recevoir de tiers pour des recommandations ou conseils le concernant.

28. Je pratiquerai l'échange de prestations contre des services, des biens ou toute autre rémunération non financière seulement lorsque cela n'affectera pas la relation de coaching.

L'engagement déontologique à l'ICF

En tant que coach professionnel, je m'engage à honorer mes obligations déontologiques à l'égard de mes clients, de mes collègues et du public en général. Je m'engage à respecter le code déontologique de l'ICF, à traiter les personnes avec respect comme des êtres humains indépendants et égaux, et à revendiquer ces engagements auprès de ceux que j'accompagne.

Si je contrevenais à cet engagement ou à quelque partie du code de déontologie de l'ICF, j'accepte que l'ICF, à sa seule discrétion, m'en tienne responsable. En outre, je conviens que ma responsabilité à l'égard de l'ICF puisse entraîner la perte de mon adhésion à l'ICF et/ou de mon accréditation à l'ICF.

Date

Nom et signature

Copyright © International Coach Federation. Tous droits réservés.

Charte des coachs professionnels affiliés à la Fédération francophone de coachs professionnels (FFCPro)

1. Vision de l'être humain

Un coach croit en la dignité et l'intégrité de chaque être humain, et s'engage à promouvoir les capacités et les ressources propres à chaque personne. Il respecte ses clients, leurs besoins, leurs demandes et leur apporte un soutien constructif inconditionnel. Il les aide à se fixer des objectifs motivants et épanouissants, et à donner le meilleur d'eux-mêmes. Il les accompagne dans la mise en œuvre des moyens les plus rapides et les plus efficaces qui leur permettront d'atteindre leurs objectifs.

2. Position à l'égard de la profession

Dans ses propos et ses actes, il se tient à un devoir de réserve lorsqu'il s'agit de la profession et de ses différents courants. Il fait preuve d'ouverture d'esprit et de respect à l'égard de la diversité des conceptions existant dans le domaine du coaching, et accepte que nulle personne ou groupe ne puisse se prévaloir de détenir la vérité en la matière.

3. Compétence

Il a effectué une formation professionnelle complète, spécialisée dans le domaine du coaching, et a été validé dans sa compétence à exercer professionnellement par l'organisme ou le formateur ayant dispensé la formation. À la demande de ses clients il est en mesure de fournir une information claire sur la nature de sa formation ainsi que sur la ou les qualifications qu'il a obtenues au terme de celle-ci.

4. Expérience personnelle du coaching

Les membres de la FFCPro considèrent que l'expérience personnelle du coaching est l'une des composantes nécessaires à la compétence et à la crédibilité d'un coach, qui se doit d'avoir vécu un parcours personnel dans ce domaine. Un coach membre de la FFCPro a lui-même été coaché et continue à faire appel aux services de confrères quand il en perçoit l'intérêt dans sa vie. De façon plus générale, il est engagé dans un cheminement d'évolution personnelle.

5. Contrat

Dès le début d'une relation de coaching, les coachs de la FFCPro conviennent, par écrit, d'un contrat clair avec leurs clients. Les conditions de cet accord incluent la compétence du coach, la nature du service proposé ainsi que les éventuels services supplémentaires, les limites et les responsabilités de chacun. Il précise aussi la fréquence et la durée des entretiens, la façon dont ils se dérouleront (de vive voix, par téléphone, Internet, etc.) ainsi que le montant des honoraires perçus par le coach.

6. Protection des clients

Un coach membre de la FFCPro s'assure que son intervention sert les meilleurs intérêts de son client, et veille à agir avec un haut niveau d'intégrité et de fiabilité pendant toute la durée de la relation de coaching. Il vérifie qu'il a compétence à intervenir dans les domaines pour lesquels on le consulte, ou sinon il propose d'autres orientations qui lui semblent plus adaptées. Il garantit le respect des engagements pris contractuellement et se tient à la règle de confidentialité, dans la limite que lui impose la loi de son pays. Il s'assure que les informations échangées le sont au bénéfice de son client et non de sa promotion personnelle ou professionnelle. En aucune circonstance il ne met à profit la situation de coaching pour en tirer des avantages non contractuels, que ceux-ci soient d'ordre financier, social ou sexuel. Si, au cours de la relation de coaching, il constate que d'importantes divergences ne lui permettent plus de fonctionner selon les termes du contrat, il est dans l'obligation éthique d'y mettre fin en expliquant clairement les raisons de sa décision. Dans la mesure du possible, il veillera à proposer d'autres options à son client.

7. Supervision régulière

Un coach membre de la FFCPro possède un lieu de supervision régulier où il peut faire le point sur sa pratique et continuer à progresser dans celle-ci en vue de fournir les services de la meilleure qualité possible à ses clients.

8. Mise à jour de ses connaissances

Le coaching n'est pas une profession aux connaissances figées et les coachs de la FFCPro consacrent régulièrement une quote-part de leur temps à l'actualisation de celles-ci. Ils se tiennent au courant des développements réguliers propres à leur profession et s'inscrivent dans une dynamique continue d'évolution professionnelle.

9. Pratique du télécoaching et utilisation d'Internet

Les coachs de la FFCPro considèrent le téléphone, Internet et toute autre technologie de communication à venir comme des outils professionnels à part entière, utilisables dans la pratique de leur activité.

10. Respect de la vocation non lucrative de la FFCPro et contribution à l'image positive de celle-ci

Un membre de la FFCPro peut se prévaloir de son appartenance à la FFCPro dans l'ensemble de sa communication professionnelle. Il est cependant clair sur le fait que c'est bien en son nom propre qu'il agit lorsqu'il promeut ses activités, et non pas en tant que représentant de la FFCPro. Il a également à cœur d'en donner une image positive par son comportement, sa compétence et la vision du monde positive dont il est porteur.

Copyright © Fédération francophone de coachs professionnels.
Tous droits réservés.

Charte déontologique de l'Association européenne de coaching (AEC)

Objet de la charte

La charte de déontologie de l'Association européenne de coaching engage tous ses membres, elle est le fondement éthique de leur pratique. Elle repose sur les valeurs portées par la Déclaration universelle des droits de l'homme.

Son but est d'établir un cadre protégeant le ou les coachés, le coach, et les éventuels prescripteurs ou tiers qui auraient partie prenante, directement ou indirectement, dans la relation coach-coaché.

La charte défend, par ailleurs, le principe d'ouverture qui a présidé à la création de l'AEC, et qui permet d'abord d'accueillir comme membres les coachs pratiquant aussi bien un coaching professionnel en organisations qu'un coaching personnel, et ensuite de recueillir des adhésions, à l'heure de l'Europe, en dehors de nos frontières. C'est enfin au nom de ce même principe que l'AEC veut ouvrir l'accès au coaching et demande à chacun de ses membres de se tenir bénévolement à la disposition de l'AEC pour quelques heures par an, notamment dans le cadre du coaching dit « solidaire ».

Obligations du coach

1. Formation professionnelle initiale et permanente

Le coach a reçu une formation professionnelle initiale théorique et pratique de haut niveau, apte à créer une compétence d'exercice du métier de coach.

Il s'engage à régénérer sa formation et son développement personnel tout au long de l'exercice de sa profession, *via* des participations à des sessions de formation complémentaire, à des conférences ou à des colloques organisés par la profession.

2. Processus de travail sur soi

Le coach atteste d'une démarche de travail sur lui-même approfondie, achevée ou en cours, ce travail étant bien distinct de sa formation.

3. Supervision

Le coach a un lieu de supervision de sa pratique. Cette supervision est assurée en individuel ou en groupe par un ou des pairs qualifiés.

4. Confidentialité

Le coach est tenu par le secret professionnel. Il prend toutes les précautions pour maintenir l'anonymat des personnes qui le consultent et, en particulier, ne communique aucune information à un tiers sur une personne sans son accord exprès. Toute information sur un client est traitée de façon strictement confidentielle sous réserve du respect des lois en vigueur.

Cette règle de confidentialité est essentielle pour l'établissement d'une relation de confiance sans laquelle le processus de coaching ne peut ni commencer ni perdurer.

Le client est néanmoins informé que, dans certaines circonstances graves, où lui-même représente un danger pour lui-même ou pour les autres, le coach peut sortir de la confidentialité et entreprendre une action appropriée.

5. Indépendance

Le coach se maintient dans une position d'indépendance. Dans un contrat tripartite, sauf spécification vue ci-dessous, il s'astreint à ne rien communiquer du contenu des séances ni à la hiérarchie du coaché ni à aucun autre tiers et cela, dans le seul intérêt du coaché.

Le coach garde sa liberté de refuser un contrat de coaching pour des raisons personnelles ou éthiques, ou qui le mettraient en porte-à-faux par rapport à l'application de la présente charte.

6. Respect de la personne

Une des caractéristiques d'une relation d'accompagnement telle que le coaching est l'existence d'un lien transférentiel entre coach et coaché. Ce lien peut mettre le coaché dans une relation de dépendance vis-à-vis du coach. Le coach n'en tirera pas avantage, et s'abstiendra de tout abus de pouvoir et de passage à l'acte à l'encontre du coaché.

7. Attitude de réserve vis-à-vis des tiers

Le coach observe une attitude de réserve vis-à-vis des tiers, public ou confrères, au travers d'informations qu'il peut livrer sur l'exercice de son métier, lors d'interviews ou de conférences, pour éviter, par exemple, tout risque de reconnaissance de ses clients par autrui, ou encore d'utiliser ses clients à des fins médiatiques.

Il pourra toutefois être dérogé à cette règle dans le cadre de programmes pédagogiques, par exemple, sous réserve de l'accord exprès du ou des coachés et, le cas échéant, de l'organisation donneuse d'ordre.

8. Devoirs envers l'organisation

Le coach est attentif au métier, aux usages, à la culture, au contexte et aux contraintes de l'organisation pour laquelle le coaché travaille. En particulier, le coach garde une position extérieure à l'organisation et ne prend pas position ni ne s'ingère dans des questions internes, notamment de gestion des ressources humaines.

9. Obligation de moyens

Le coach met en œuvre tous les moyens propres à permettre, dans le cadre de la demande du client, le développement professionnel et personnel de celui-ci, y compris en ayant recours, si besoin est, à un confrère. Le coaché reste néanmoins seul responsable de ses décisions.

10. Recours

Toute organisation ou toute personne peut avoir recours volontairement à l'AEC en cas de non-respect de l'une des règles édictées par la présente charte, ou en cas de conflit avec un coach de l'AEC.

Seuls les membres de l'Association européenne de coaching s'acquittant annuellement de leur cotisation peuvent se prévaloir de leur appartenance à l'association. Ils peuvent rappeler, dans toute communication professionnelle, qu'ils sont tenus au respect de la charte de déontologie de l'AEC.

Copyright © Association européenne de coaching. Tous droits réservés.

Code de déontologie de la Société française de coaching (SFCoach®)

Ce code est établi par la Société française de coaching exclusivement pour la pratique du coaching professionnel. Il est opposable à tout membre de la Société française de coaching. Il vise à formuler des points de repère déontologiques, compte tenu des spécificités du coaching en tant que processus d'accompagnement d'une personne dans sa vie professionnelle.

Ce code de déontologie est donc l'expression d'une réflexion éthique ; il s'agit de principes généraux. Leur application pratique requiert une capacité de discernement.

Titre 1 - Devoirs du coach

Art. 1-1 - Exercice du coaching

Le coach s'autorise en conscience à exercer cette fonction à partir de sa formation, de son expérience et de sa supervision initiale.

Art. 1-2 - Confidentialité
Le coach s'astreint au secret professionnel.

Art. 1-3 - Supervision établie
L'exercice professionnel du coaching nécessite une supervision. Les membres accrédités de la Société française de coaching sont tenus de disposer d'un lieu de supervision, et d'y recourir chaque fois que la situation l'exige.

Art. 1-4 - Respect des personnes
Conscient de sa position, le coach s'interdit d'exercer tout abus d'influence.

Art. 1-5 - Obligation de moyens
Le coach met en place tous les moyens propres à permettre, dans le cadre de la demande du client, le développement professionnel et personnel du coaché, y compris en ayant recours, si besoin est, à un confrère.

Art. 1-6 - Refus de prise en charge
Le coach peut refuser une prise en charge de coaching pour des raisons propres à l'organisation, au demandeur ou à lui-même. Il recommande dans ce cas un de ses confrères.

Titre 2 - Devoirs du coach vis-à-vis du coaché

Art. 2-1 - Lieu du coaching
Le coach se doit d'être attentif à la signification et aux effets du lieu de la séance de coaching.

Art. 2-2 - Responsabilité des décisions
Le coaching est une technique de développement professionnel et personnel. Le coach laisse de ce fait toute la responsabilité de ses décisions au coaché.

Art. 2-3 - Demande formulée
Toute demande de coaching, lorsqu'il y a prise en charge par une organisation, répond à deux niveaux de demandes : l'une formulée par l'entreprise, et l'autre par l'intéressé lui-même. Le coach valide la demande du coaché.

Art. 2-4 - Protection de la personne

Le coach adapte son intervention dans le respect des étapes de développement du coaché.

Titre 3 - *Devoirs du coach vis-à-vis de l'organisation*

Art. 3-1 - Protection des organisations

Le coach est attentif au métier, aux usages, à la culture, au contexte et aux contraintes de l'organisation pour laquelle il travaille.

Art. 3-2 - Restitution au donneur d'ordre

Le coach ne peut rendre compte de son action au donneur d'ordre que dans les limites établies avec le coaché.

Art. 3-3 - Équilibre de l'ensemble du système

Le coaching s'exerce dans la synthèse des intérêts du coaché et de son organisation.

Titre 4 - *Devoirs du coach vis-à-vis de ses confrères*

Art. 4-1-1 - Les membres postulants peuvent, dans toute communication professionnelle les concernant, faire état de leur « engagement écrit à respecter la déontologie de la Société française de coaching ».

Art. 4-1-2 - Selon l'accréditation qu'ils ont reçue, les autres membres ont le droit d'utiliser les appellations déposées ci-dessous dans toute communication professionnelle les concernant :

- pour les membres titulaires : « membre titulaire de la SFCoach® » (logo déposé)
- pour les membres associés : « membre associé de la SFCoach® » (logo déposé)

Art. 4-1-3 - Les droits ci-dessus sont conditionnés au versement effectif par le membre concerné de sa cotisation annuelle appelée.

Art. 4-2 - Obligation de réserve

Le coach se tient dans une attitude de réserve vis-à-vis de ses confrères.

Titre 5 - Recours

Art. 5-1 - Recours auprès de la SFCoach®

Toute organisation ou personne peut recourir volontairement auprès de la Société française de coaching en cas de manquement aux règles professionnelles élémentaires inscrites dans ce code, ou de conflit avec un coach de la SFCoach®.

Copyright © Société française de coaching. Tous droits réservés.

Charte de coaching de Syntec Conseil en évolution professionnelle

Coaching : accompagnement d'un manager, ou d'une équipe, favorisant l'optimisation de leurs atouts humains et professionnels pour un meilleur exercice de leurs responsabilités au sein de leur entreprise.

1. Exercice du métier

Le coach s'autorise à exercer sa fonction à partir de sa formation et de son expérience validées par les dirigeants de son Cabinet pour les spécificités de ses interventions.

Il lui appartient de se développer en permanence dans ses domaines, son « aptitude » pour intervenir est appréciée par sa Direction générale. L'habilitation porte sur son niveau d'expérience dans le conseil ou le management, sa formation spécifique au coaching et sa maîtrise de la relation de face à face.

2. Contrats

Le contrat commercial s'effectue entre l'entreprise et le Cabinet, il précise les objectifs de la mission, la durée, le tarif et le périmètre de confidentialité.

Par ailleurs, un contrat moral s'établit en parallèle à partir dudit contrat, entre le coach et le coaché, et précise les objectifs de développement et les résultats à atteindre ensemble.

3. Confidentialité/restitution

Le coach s'astreint au secret professionnel pour tout le contenu de la démarche.

Les objectifs, préconisations et ouvertures finales peuvent en revanche faire l'objet d'une restitution par le coaché selon des modalités à définir au démarrage de la mission.

4. Adhésion du coaché

Le coaching ne peut se concevoir qu'avec la réelle adhésion du coaché.

5. Refus d'une mission

Le consultant sera libre de refuser une mission en son âme et conscience.

6. Mise en œuvre

Le coach définit et prend tous les moyens propres à permettre, dans le cadre de la demande de son client, le développement professionnel du coaché et peut avoir recours à une expertise complémentaire.

7. Supervision

Tout coach de Syntec Conseil en évolution professionnelle s'engage à recourir régulièrement à un superviseur, c'est-à-dire un pair ou un tiers compétent.

Le Cabinet s'engage à lui fournir les moyens pour le faire.

8. Interruption de la mission

Dans le cas où le coach constaterait que les conditions de réussite de sa mission ne sont plus réunies, le coach s'autorise, en concertation avec l'entreprise, d'interrompre la mission.

9. Éthique

Le consultant s'interdit tout abus d'influence et reste spécifiquement dans le champ défini par le contrat. En aucun cas, il ne fait ou ne décide à la place du coaché. La finalité du coaching consiste à rechercher la meilleure autonomie du coaché.

10. Recours

En cas de différend, la Direction du Cabinet, signataire de la Charte, s'engage à recevoir le coaché en présence de son coach.

Copyright © Syntec Conseil en évolution professionnelle. Tous droits réservés.

Exemple de contrat

Proposition de contrat de coaching
pour Madame/Monsieur XXX

Cette démarche de coaching est proposée à Madame/Monsieur XXX en accord avec son responsable hiérarchique Madame/Monsieur YYY.

Une première rencontre nous a permis d'élaborer le cadre de cet accompagnement et la nature des objectifs ciblés ; d'autres éléments d'objectifs peuvent se cristalliser au cours de la démarche de coaching.

Un premier rendez-vous avec Monsieur/Madame XXX a permis :

- de poser le cadre du coaching, d'en définir les règles et les modalités de fonctionnement ;
- de définir les objectifs.

OBJECTIFS DU COACHING :

1.

2.

3.

Mentionnez et présentez votre code de déontologie du coaching.

Nos pratiques et tarifs pour les prestations considérées :

Type de coaching	Profil du coach proposé	Taux horaire HT hors frais de déplacement
Coaching individuel	Nom du coach Certification	€ HT

© Groupe Eyrolles

Contrat de base de 20 heures : 10 séances de coaching de 2 heures, par séances espacées dans le temps (2/3 semaines), avec des mises en application immédiates. Un suivi de 3 mois suite au coaching peut être envisagé et n'est pas compris dans ce tarif [1].

Modalités de paiement : 50 % au démarrage du programme, 30 % à mi-parcours et 20 % à la fin.

Les frais de déplacement et d'hébergement du coach ne sont pas compris dans ce tarif et sont à la charge du client sur présentation des justificatifs.

La prise des rendez-vous est gérée directement par les personnes concernées ; la cadence de ces rendez-vous est fonction de la question traitée et du degré d'urgence et des agendas.

Il est souhaitable, dans un souci de confidentialité, que les rendez-vous de coaching aient lieu à l'extérieur de l'entreprise, nous pouvons vous fournir cette prestation dans nos bureaux.

Le règlement est effectué suivant nos accords au nom de (cabinet ou nom du coach) à réception de facture par chèque ou par virement à notre compte : xxxxxxxxxxxxxxx.

Sans escompte pour paiement anticipé.

Pénalité de retard : 1,5 fois le taux légal en vigueur.

Le coach a obligation de faire remplir à chaque séance la feuille de présence du/des participants et de la retourner après chaque session, revêtue de sa signature.

Validité de la convention : la convention prend effet pour la durée prévue, dès confirmation par la société xxxxxxxxx.

Report, annulation : 1 mois avant la prestation, aucune indemnité ne sera due à (cabinet ou nom du coach). Entre 1 mois et 15 jours avant la prestation, 30 % du coût sera dû par la société xxxxxxxxx. À moins de 15 jours de la prestation, 50 % du coût sera dû.

(Cabinet ou nom du coach) est fondé à retenir les sommes effectivement engagées pour l'exécution de la prestation (L 920-9 du Code du travail).

---

1. Toute adaptation spécifique est à étudier conjointement avant le déroulement de l'action.

Règlement des litiges : les parties signataires conviennent de régler à l'amiable tout litige résultant de la présente convention. Dans le cas où une solution amiable ne pourrait être trouvée, le différend sera soumis à l'appréciation du tribunal de (ville).

Pour (société)   **Pour (cabinet ou nom du coach)**

Cachet, signature   Cachet, signature

Fait à (ville), le (date)

en double exemplaire dont un à nous retourner signé et complété.

Adresse, n° de téléphone, e-mail, fax.

Exemple d'appel d'offres

Système de qualification dans le domaine du coaching professionnel et individuel (extraits)

Client : Régie des transports de Marseille Services (RTM)

Procédure adaptée   Date limite de réponse : 01/04/2010

Nom et adresse officiels de l'organisme acheteur : Régie des transports de Marseille

Correspondant : service achats/approvisionnements, 3 rue Paul-Langevin, 13013 Marseille, Tél. : 04 91 10 51 80, télécopieur : 04 91 10 51 98

Le pouvoir adjudicateur n'agit pas pour le compte d'autres pouvoirs adjudicateurs.

Les principale(s) activité(s) de l'entité adjudicatrice

Services de chemin de fer urbains, de tramway ou d'autobus.

Objet du marché : système de qualification dans le domaine du coaching professionnel et individuel.

Catégorie de services : 27.

Classification CPV (Vocabulaire Commun des Marchés) : objet principal : 80421100.

Lieu d'exécution des travaux et de livraison : RTM Marseille, 13000 Marseille.

Code NUTS du lieu de la prestation : FR824.

La procédure d'achat du présent avis est couverte par l'accord sur les marchés publics de l'OMC.

L'avis concerne un marché public.

Les caractéristiques principales

La présente consultation a pour objet : système de qualification dans le domaine du coaching professionnel et individuel.

Système de qualification pour un marché comportant une catégorie, d'un montant inférieur à 90 000 € HT annuel sur une période de deux ans expirant au 01 avril 2010.

Le marché est à passer conformément aux dispositions des articles 152, 153, 154, 155 du Code des marchés publics.

La prestation comprend...

Missions diverses pouvant être associées à la notion de coaching :

I) Définition de stratégie d'accompagnement pour développer la performance individuelle et collective.

II) Ingénierie de développement des compétences et de professionnalisation.

III) Évaluation et développement de la performance.

IV) Développement de la culture « service client, qualité, performances ».

V) Développement du travail en réseau et des collaborations en mode projet.

VI) Gestion de la relation professionnelle dans les actes de management.

Moyens divers pouvant être mis en œuvre :

I) Approche systémique du fonctionnement des organisations.

II) Management de la performance par les processus.

III) Techniques d'accompagnement individuel et de dynamique d'équipe.

IV) Conduite d'ateliers.

V) Animation de groupes de travail.

VI) Entretiens individuels.

VII) Accompagnement téléphonique.

VIII) Échanges écrits, production de documentation.

Le présent avis correspond à un système de qualification constituant une mise en concurrence.

Renseignements relatifs aux lots : marché unique.

Durée du marché ou délai d'exécution : à compter du 01 avril 2008 et jusqu'au 01 avril 2010.

Modalités essentielles de financement et de paiement et/ou références aux textes qui les réglementent : en application de l'article 87 du Code des marchés publics, une avance est accordée au titulaire, sauf en cas de refus de celui-ci.

Forme juridique que devra revêtir le groupement d'opérateurs économiques attributaire du marché, le cas échéant : groupement solidaire. Si les candidats se présentent sous la forme d'un groupement conjoint, une transformation du groupement conjoint en groupement solidaire devra être opérée lorsque le marché aura été attribué, conformément aux dispositions de l'article 51.VII du CMP[1]. Le candidat ne peut présenter plusieurs offres en agissant à la fois en qualité de candidat individuel et de membre d'un groupement ou de plusieurs groupements et ce, conformément à l'article 51.VI du CMP. Langues pouvant être utilisées dans l'offre ou la candidature : français. Unité monétaire utilisée : l'euro.

Les conditions de participation

Conditions que doivent remplir les opérateurs économiques en vue de leur qualification :

Le système de qualification portera sur les renseignements concernant la situation propre du candidat et les renseignements et formalités nécessaires pour l'évaluation de la capacité économique et technique requise. *Cf.* paragraphe : justification à produire quant aux qualités et capacités du candidat.

Méthodes par lesquelles chacune de ces conditions sera vérifiée :

A) S'agissant de la capacité financière, analyse des éléments économiques mentionnés dans la déclaration du candidat sur les trois dernières années.

B) S'agissant de la capacité technique :

I)   Disposer de moyens humains et matériels suffisants pour répondre aux besoins de la RTM.

---

1. Code des marchés publics.

II) Obtention des certifications (certification International Coach Federation et/ou Société française de coaching).

III) La mise en œuvre des méthodes de production appropriées.

IV) La qualification des intervenants : expérience significative d'au moins 10 ans dans le domaine du coaching des personnes et des équipes dans le secteur des services aux entreprises et/ou des transports.

C) S'agissant de la capacité professionnelle, une liste des principales références pour des prestations similaires au cours des trois dernières années, notamment des exemples de missions menées pour des clients dont le métier ou la taille sont proches de ceux de la RTM (établissement public ou parapublic).

Les justifications à produire quant aux qualités et capacités du candidat

Pour présenter sa candidature, le candidat transmet un extrait Kbis (copie ou original) du registre de commerce et des sociétés ou tout document permettant l'identification de l'entreprise et notamment mention du représentant légal (président, gérant…).

Le candidat transmet également :

- soit la lettre de candidature, ainsi que la déclaration du candidat, ainsi que son annexe le cas échéant (dans l'hypothèse où conformément à l'article 45-III du CMP, le candidat souhaite que soient prises en compte les capacités professionnelles, techniques et financières d'autres opérateurs économiques) dont les modèles établis par la RTM sont joints au dossier de candidature, téléchargeable gratuitement sur le site www.achatpublic.com.

- soit les documents ci-après énoncés :

    A) Une lettre indiquant si le candidat se présente seul ou s'il se présente en groupement momentané d'entreprises (conjoint ou solidaire).

    B) Une attestation sur l'honneur signée, indiquant qu'en application des articles 43 et 44 du Code des marchés publics :

    – B.1) Ne pas avoir fait l'objet, depuis moins de cinq ans, d'une condamnation définitive pour l'une des infractions prévues par les articles […] ;

© Groupe Eyrolles

- B.2) Ne pas avoir fait l'objet, depuis moins de cinq ans, d'une condamnation inscrite au bulletin n° 2 du casier judiciaire pour les infractions mentionnées aux articles [...] ;
- B.3) Ne pas être en état de liquidation judiciaire au sens de l'article L. 620-1 du Code de commerce ;
- B.4) Ne pas être déclaré en état de faillite personnelle, au sens de l'article L. 625-2 du Code de commerce, ou d'une procédure équivalente régie par un droit étranger ;
- B.5) Ne pas être admis au redressement judiciaire, au sens de l'article L. 620-1 du Code de commerce, ou à une procédure équivalente régie par un droit étranger, sans justifier d'une habilitation à poursuivre son activité pendant la durée prévisible d'exécution du marché ;
- B.6) Avoir, au 31 décembre de l'année précédant celle au cours de laquelle a lieu le lancement de la consultation, souscrit les déclarations incombant en matière fiscale et sociale ou acquitté les impôts et cotisations exigibles à cette date, ou s'être acquitté spontanément de ces impôts et cotisations avant la date du lancement de la présente consultation, ou avoir constitué spontanément avant cette date des garanties jugées suffisantes par le comptable ou l'organisme chargé du recouvrement ;
- B.7) Être en règle, au cours de l'année précédant celle au cours de laquelle a lieu le lancement de la consultation, au regard des articles L. 323-1 et L. 323-8-2 ou L. 323-8-5, du Code du travail concernant l'emploi des travailleurs handicapés.

C) Présentation d'opérateurs économiques dans l'hypothèse où, pour justifier de ses capacités professionnelles, techniques et financières, le candidat demande que soient prises en compte les capacités d'opérateurs économiques – article 45-III du CMP, et notamment pour chaque opérateur : identité, moyens matériels et humains, l'attestation susmentionnée, le chiffre d'affaires, et les références associées à l'objet des prestations dont l'opérateur économique aura la charge.

D) En cas de redressement judiciaire, le jugement correspondant (s'il n'est pas rédigé en langue française, il devra être accompagné d'une traduction certifiée).

E) Le chiffre d'affaires global pour les trois derniers exercices disponibles (durée inférieure autorisée pour les sociétés nouvellement constituées).

F) Les effectifs moyens annuels pour chacune des trois dernières années (durée inférieure autorisée pour les sociétés nouvellement constituées), présentation des effectifs, description de la qualification des intervenants : expérience significative d'au moins dix ans dans le domaine du coaching des personnes et des équipes dans le secteur des services aux entreprises et/ou des transports.

G) Matériels, outillage, équipement technique et méthodologies, dont le candidat dispose pour la réalisation de marchés de même nature.

H) Une liste des principales références pour des prestations similaires au cours des trois dernières années, notamment des exemples de missions menées pour des clients dont le métier ou la taille sont proches de ceux de la RTM (établissement public ou parapublic).

I) Brochure commerciale ainsi que tous les documents que le candidat souhaite joindre à sa candidature.

J) Certifications obtenues à fournir (certification International Coach Federation et/ou Société française de coaching).

Commentaire sur les justifications : lesdits documents sont à fournir par le candidat se présentant seul au marché ou par le mandataire, ainsi que par les cotraitants en cas de groupement.

Si le signataire des documents de mise en concurrence n'est pas le représentant légal du candidat, les documents attestant l'habilitation du signataire, établis par le représentant légal ou son délégataire dûment autorisé, doivent impérativement être joints à la candidature.

Critères d'attribution : offre économiquement la plus avantageuse, appréciée en fonction des critères énoncés dans le cahier des charges (règlement de la consultation, lettre d'invitation ou document descriptif).

[...]

© 2009 – www.marchesonline.com – Groupe Moniteur.

Annexe 5

Exemple de questionnaire utilisé pour le référencement de coach

1. COORDONNÉES	
Nom : Prénom :	
Nom de la société :	
Adresse :	
Téléphone : Portable :	
E-mail :	
Fax :	
2. FORMATION	
Formation initiale :	
Autres formations :	
Formation de coach :	
Autres éléments de votre parcours de coach :	
Certification :	

3. PARCOURS PROFESSIONNEL	
Parcours professionnel chronologique :	
Parcours managérial :	
Expérience de chef de projet :	
Expérience interculturelle :	
Activités exercées actuellement :	
Expérience en coaching individuel :	
Quelle part de votre activité consacrez-vous au coaching individuel ?	
Expérience en team-building :	
Quelle part de votre activité consacrez-vous au team-building ?	
Expérience en coaching d'équipe :	
Quelle part de votre activité consacrez-vous au coaching d'équipe ?	

Avez-vous accompagné :	
des chefs de projet ?	
des équipes projet ?	
des managers expatriés/impatriés ?	

4. PRATIQUE DU COACHING

Quelle est votre définition du coaching individuel ?	
Quelle est votre définition du team-building ?	
Quelle est votre définition du coaching d'équipe ?	
Qu'est-ce qui vous a amené(e) au coaching ?	
À quel cadre déontologique vous référez-vous ?	
Quels sont les éléments clés de votre déontologie de coach ?	
Quel est votre cadre théorique de référence ?	
Qu'est-ce qui caractérise votre pratique du coaching ?	
Quelles sont vos situations de coaching préférées ?	
Qu'est-ce que vous aimeriez nous dire de plus ?	
À quel type de supervision avez-vous recours ?	
Langue(s) de travail :	

5. MODALITÉS HABITUELLES D'INTERVENTION

Durée moyenne d'un coaching individuel :	

Coût moyen HT d'un coaching individuel :	
Lieu habituel des entretiens de coaching :	
Durée des entretiens :	
Fréquence des entretiens :	
Fourchette de tarif horaire HT :	
Tarif HT par jour pour une action de coaching d'équipe :	
6. RÉFÉRENCES	
Pouvez-vous nous donner des noms d'entreprises avec lesquelles vous travaillez ?	

Annexe 6

Bibliographie

Bernard Besson, Vito Vigano et Jean-Michel Vuagniaux, *L'Art du coach : Une nouvelle maïeutique*, Coaching Service, 2000.

Pierre Blanc-Sahnoun, *L'Art de coacher*, InterÉditions, 2004.

Sophie Cambazard, *Les Meilleurs Réseaux professionnels*, J'ai lu, 2005.

Sylviane Cannio et Viviane Launer, *Cas de coaching commentés*, Éditions d'Organisation, 2008.

Alain Cardon, *Coaching d'équipe*, Éditions d'Organisation, 2003.

Alain Cardon, *Leadership de transition*, Éditions d'Organisation, 2005.

Alain Cardon, *Comment devenir coach*, Éditions d'Organisation, 2008.

Francine Carton, *Trouver ses clients*, Éditions d'Organisation, 2004.

Thierry Chavel, Frank Bournois et Alain Filleron, *Le Grand Livre du coaching*, Eyrolles, 2008.

Christine Chevalier, *Faire face aux émotions*, Dunod, 2006.

François Délivré, *Le Métier de coach*, Éditions d'Organisation, 2002.

Robert Dilts, *Être coach : De la recherche de la performance à l'éveil*, Dunod, 2008.

Robert Dilts, *Des outils pour l'avenir*, Desclée de Brouwer, 2003.

Robert Dilts et Caroline Carrat, *Leadership visionnaire : Outils et compétences pour réussir le changement par la PNL*, De Boeck, 2009.

Robert Dilts, *Changer les systèmes de croyances avec la PNL*, Dunod, 2006.

Alain Fayolle et Louis-Jacques Filion, *Devenir entrepreneur : Des enjeux aux outils*, Village Mondial, 2006.

Gilles Forestier, *Regards croisés sur le coaching*, Éditions d'Organisation, 2002.

Charles Gellman et Chantal Higy-Lang, *Le Coaching*, Éditions d'Organisation, 2000.

Alain Goudsmet, Luc Limère et Bernard Stenier, *Attitude coach*, Éditions Kluwer, 2003.

Daniel Grosjean, *Trouver la force d'oser : 8 étapes pour faire tomber ses peurs et vivre pleinement*, InterÉditions, 2006.

Gilles Guyon, *Le Coaching pour tous*, Éditions Quintessence, 2005.

Thomas Harris, *D'accord avec soi et les autres*, Desclée de Brouwer, 1995.

Sabine Henrichfreise et Michel Moral, *Coaching d'organisation*, Armand Colin, 2008.

Bernard Hévin et Jane Turner, *Manuel de coaching*, Dunod, 2003.

Bernard Hévin et Jane Turner, *Pratique du coaching : comment construire et mener la relation*, InterÉditions, 2006.

Lawrence Holpp, *Manager et coacher son équipe*, Maxima, 2003.

Gysa Jaoui, *Le Triple moi*, Robert Laffont, 1979.

Gysa Jaoui et Marie-Claude Gourdin, *Transactions*, InterÉditions, 2001.

Philip Kotler et Bernard Dubois, *Marketing management*, Pearson Education, 2006.

Génie Laborde, *Influencer avec intégrité*, InterÉditions, 1987.

Sylvie Lainé, *Le Relationnel utile : Savoir-faire, savoir-être, témoignages…*, Demos, 2000.

Sylvie Lainé, *Le Management de soi*, Demos, 2002.

Vincent Lenhardt, *Coaching : Tout ce que vous souhaitez savoir sur le coaching*, Dunod, 2006.

Vincent Lenhardt, *Les Responsables porteurs de sens*, Insep Consulting, 2002.

Pamela Levin, *Les Cycles de l'identité*, InterÉditions, 2008.

Jacques-Antoine Malarewicz, *Réussir un coaching : Grâce à l'approche systémique*, Village Mondial, 2003.

Christian Marcon et Nicolas Moinet, *Développez et activez vos réseaux relationnels*, Dunod, 2007.

Carlo Moiso et Michele Novellino, *Analyse transactionnelle : Retour aux sources*, AT Éditions, 2004.

Carlo Moiso, *Besoins d'hier, besoins d'aujourd'hui*, AT Éditions, 2009.

Michel Moral et Pierre Angel, *Coaching : outils et pratiques*, Armand Colin, 2009.

René Moulinier, *Prospection commerciale : Stratégie et tactiques pour acquérir de nouveaux clients*, Éditions d'Organisation, 2009.

Gilles Noblet, *Développer sa marque personnelle : Le personal branding pour tous dans son métier, sa carrière et sa vie*, CFPJ Éditions, 2009.

Suzanne Peters, Dr Patrick Mesters, *Vaincre l'épuisement professionnel*, Robert Laffont, 2007.

Annick Richet, préface de Louis Gallois, *Le Coaching en interne : À l'aube du développement managérial durable*, Démos, 2005.

Michel Saucet, *La Sémantique générale aujourd'hui*, Le Courrier du Livre, 1987.

Édouard Stacke, *Coaching d'entreprise*, Village Mondial, 2000.

Anne-Laure Stérin, *S'installer à son compte*, Delmas, 2008.

Frédéric Vendeuvre et Philippe Beaupré, *Gagner de nouveaux clients : La prospection efficace*, Dunod, 2000.

John Whitmore, *Le Guide du coaching*, Maxima, 2003.

Olivier Zara, *Réussir sa carrière grâce au personal branding : Gérer son identité et sa réputation professionnelles*, Éditions d'Organisation, 2009.

www.ingramcontent.com/pod-product-compliance
Lightning Source LLC
Chambersburg PA
CBHW061149220326
41599CB00025B/4414